chapter

加藤茶（かとうちゃ）

1943年3月1日生まれ。東京都出身。1962年いかりや長介と共にザ・ドリフターズに加入、1966年にはザ・ビートルズと武道館にて共演。1969年TBS『8時だヨ！全員集合』で空前の大ブレイク、最高視聴率50.5%を記録し一躍国民的コメディアンに。1986年より後継番組として、毎週土曜20時から志村けんとの『加トちゃんケンちゃんごきげんテレビ』をスタート。その後、俳優業も展開。2021年から『ドリフに大挑戦スペシャル』を不定期特番として放送、出演・監修を務める。
𝕏 @katochan0301

starring:
加藤茶

staff:
フォトグラファー／大野隼男（L MANAGEMENT）
スタイリスト／金光英行（CEKAI）
ヘア／TAKAI
メイク／吉田奈央
デザイン／大山真貴子（CAELUM）
編集／宇都宮定典（CAELUM）

management:
イザワオフィス
井澤秀治
西和浩
小野美宙

special thanks:
加藤綾菜
小野文也（TWIN PLANET）

jacket and pants by KUON

coat by munoz vrandecic
shirt by NOBNAGA paris
pants by KUON

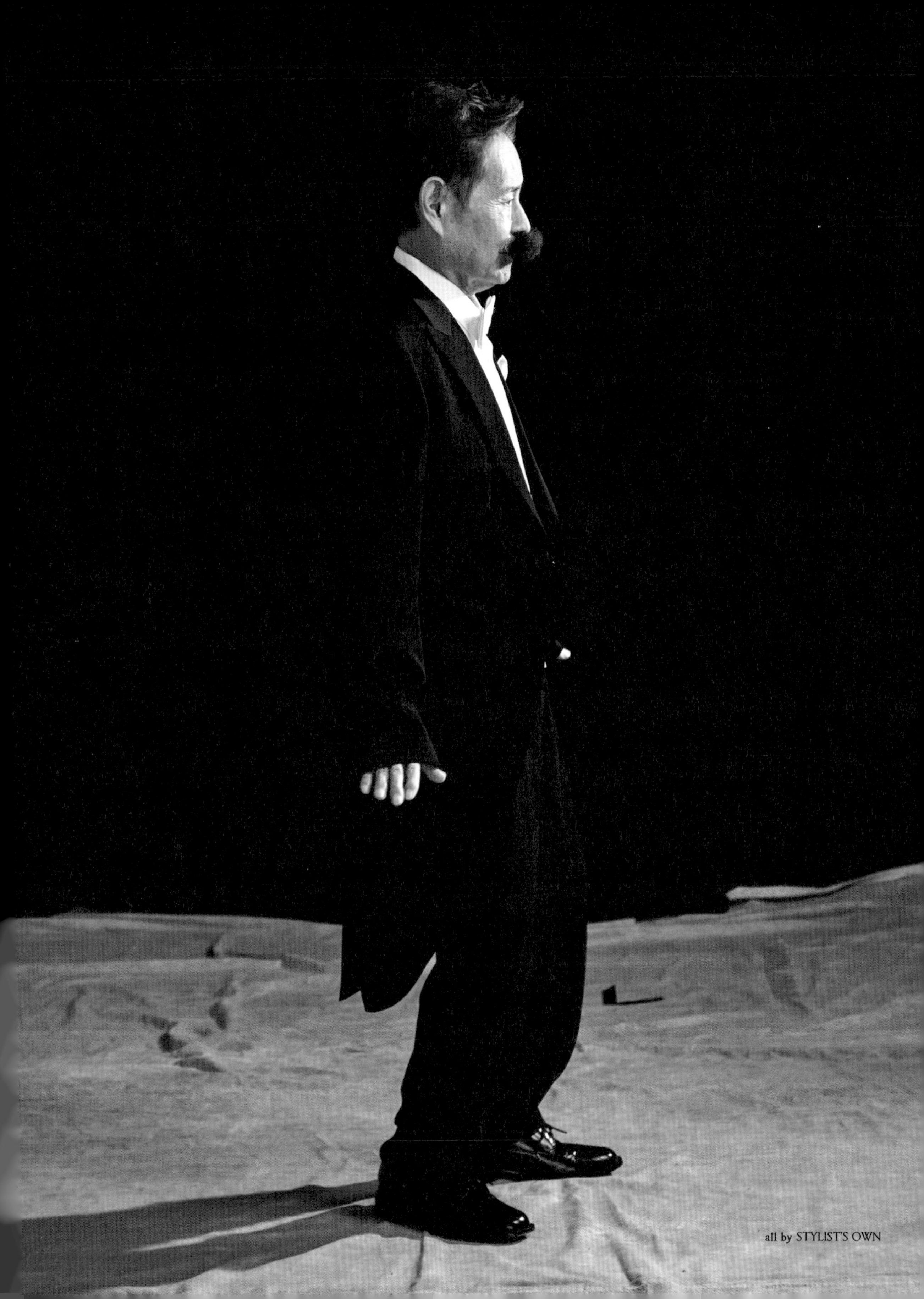

all by STYLIST'S OWN

vest and shirt and necklace by LES SIX
pants by OMAR AFRIDI

shirt by CLASS
pants by OMAR AFRIDI

jacket and pants by KUON
shirt by NOBNAGA paris
hat by two dollar

the untold story

もともと取材嫌いなのもあった。
いちいち語るより魅せる方が好きだった。
だけどこの歳になって、改めて人生を考えるようになった。
オイラの生き様が、誰かの糧になるのなら……

加藤茶、激動の80年とこれから。

それだけおっかなかったんだ

オイラが生まれたのは昭和18年、まだ第二次世界大戦のさなかだよね。その頃は世田谷に住んでたんだけど、2歳の時に東京に焼夷弾が落っこちてくるんだよ。東京大空襲。みんな歴史上の古い話だと思ってるかもしんないけど、オイラその頃に生まれてるから、意外とそんなに昔の話じゃないんだよ？

しかも不思議なもんでさぁ、2歳なのに記憶がはっきりしてんの。お袋がオイラを背負って走って逃げるんだけど、すぐそこに焼夷弾が落ちてきて。焼夷弾ってのは中に油が入ってるんだ。だからドーン！って爆発するとそこらじゅうにブワーッて油が広がって、それに火がついて家も人も焼け死ぬんだよ。まさに東京が全部焼けたんだけど、あの時の恐怖感だけは鮮明に覚えてるよね。それだけおっかなかったんだと思う。

細かい記憶はさすがに曖昧だけど、お袋とオイラは防空壕に逃げたんだよ。けど防空壕つったって、簡単に作った粗末なモノだったから、隙間から油が入ってきて蒸し焼きになって死んだ人も多かったって聞いたなぁ。

一旦、お袋のふるさとの愛媛に行くんだけど、ぜんぜんお金がないからお袋がオイラを預けて働きに出るんだよね。だからオイラはすぐに親父の実家がある福島に行くんだ。それから学生時代はずっと福島で過ごしたんだけど、その頃の貧乏さったらなかったよ。日本中が貧しいときだからね。戦争にも負けて、食べるものも少ないし着るものもないし。今みたいな、なんでもあるような日本じゃなかったから。

もちろん親父の実家も貧乏だったから、世話になる立場のオイラはやっぱり邪魔者扱いだよな。だから福島にいた頃が一番苦労したよ。生きるのにもう本当に精一杯で。小学校に入るまでは食うや食わずの生活。麦飯はあるんだけどおかずはなくて。味噌をつけて食うんだよ。1歳違いの妹がいたんだけど、栄養失調で蚊に噛まれると全部化膿しちゃうんだよ。手足は細いのに腹だけ膨れてて。そんな生活から早く抜け出したかったけど、お袋は働きに出ていないし、親父もオイラが福島に行ってすぐ癌で入院しちゃってたんだよな。だからその頃の自分にはどうしようもなくて。妹と助け合って生きるしかなかった。

実家の婆さんが怖い人でよ。妹と他愛もない話をしてるだけで「うるせぇ！」っつって、火箸が飛んでくるんだよ。火箸ってわかるかなぁ。火鉢に炭をくべるための鉄製の道具。もうめちゃくちゃ熱いんだよ。それが飛んでくるんだからね？　ドーンって壁に刺さるんだ。鉄だから危ねぇったらありゃしねぇ。

オイラが小学2年生の終わりか3年生になったくらいかな？　ようやくお袋が迎えに来てくれて。妹とお袋の3人で暮らし始めたんだけど、それでやっと安心した暮らしができるようになったかなぁ。

死に物狂い

小学2年生の終わり頃、ようやく迎えに来てくれたお袋と妹との三人暮らしが始まったんだよ。そのちょっと前くらいだったかな……義理の姉と阿武隈川に行ったことがあったんだけど、突然オイラを水の中に投げ入れたんだ、ドボンと。それまで泳いだことなんかなかったのにな。一生懸命泳がないと溺れ死ぬから、それでむりやり泳ぎを覚えたんだよ。ひどい話だよなぁ。

それからは慣れちまって阿武隈川でよく泳いでたんだけど、あるときに気づいたんだよ、向こう岸にリンゴの木があることに。当時、食うのにいつも困ってたから、リンゴを見つけるなんてすごい発見なんだよ。だからどうしても欲しくなっちゃって。阿武隈川って結構川幅は広いんだぜ？ 20メートルくらいはあったんじゃないかな？ 川の流れも速くて速くて、普通に泳いだら全然向こうまで行けないの。だけどどうしてもそのリンゴが欲しいから、200メートルくらい先の川の上流までえっこら歩いて行って、そこから流れながら泳いで向こう岸まで行ってたんだ。もう死に物狂いだよ。それでやっとのことで、妹の分と合わせてリンゴ2つを持って帰ってきてた。

そんなことを毎日のようにしてたら水泳が得意になっててよ。小学6年生の時に全校生徒が出る水泳大会があったんだけど、そのときオイラは自由形で出場したんだ。普通、自由形っつったらクロールで勝負するよな？ けどオイラはクロールとか知らないから。ちゃんと目的地が見える平泳ぎしかできなかった。けど川で鍛えられてたからだよな、プールの水なんか流れがないからちゃちいもんじゃないか。周りはみんなクロールなのに、オイラだけめっちゃ速い平泳ぎで優勝しちまったんだよ。死に物狂いで会得した能力の方がやっぱ強いんだよなぁ。

昭和の大スター

小学生当時、その頃はまだオイラも音楽への意識はぜんぜんなかったんだよ。親父はギタリストだし、親父の実家の家族とかもみんなバンドマン。親父自身も戦前は有名な日本の歌手の伴奏もよくしてたって聞いてたんだけど、オイラが物心ついた頃には親父も癌で入院しちゃってて、ほとんどギター弾いてるのも聴いたことなかったから。

当時世の中的には、たぶんエルヴィス・プレスリーとかが流行ってたと思うんだけど、ラジオから流れてきても「変わった音楽が流れてるなぁ」って思うくらいだった。だけどその頃、すでに日本には大スターがいて。それが美空ひばりさんだったんだよ。

当時オイラの周りにはまだテレビはなかったんだけど、大家さんのところの娘がラジオでひばりさんを聴いてたんだ。オイラの家はラジオも買えないくらい貧乏だったんだけど、その娘が聴いてるのを横で聴いて歌声を覚えてて。いつだか、ひばりさんが出演した映画が福島でも上映されたんだ。つっても、東京で公開されてから福島で上映されるまでには、だいぶ時間差があったんだけどな。

『東京キッド』。忘れもしないよ、子供のくせにこんなに歌も演技も上手い人がいるんだなぁって。観た時、オイラは小学1～2年生で、ひばりさんは5～6歳上だったからきっと12～13歳とかかなぁ。でもオイラと同じくらいの年齢に見えるんだ。そんな人が銀幕の上で堂々と演じてることが衝撃だったんだよ。歌を歌えばヒットするわ、映画には出るわで。その頃にはとっくに大人気だったんだけど、実際映画で観た衝撃がすごかったんだよ。すっかり心を持って行かれちまって、それから美空ひばりさんの歌ばっかり聴いてたなぁ。『伊豆の踊子』『ジャンケン娘』『花形歌手七つの歌』『べらんめぇ芸者』シリーズとか……映画も数えきれないくらい、ずいぶん観たよ。長い時代を見てきてもなかなかあんな人は出てこないよなぁ。

まぁ、まさか自分がやるなんてな

もともと結構器用な方で、草野球とかやっても上手にやれたんだよ。三角ベースを一生懸命回ってな。けどオイラは栄養が足りなかったんだろうな、転ぶと必ず骨折するんだ。だから草野球だけでも3回くらい骨折してるのかな。

この頃は本当に食べられなかったし、食べても栄養のないものばっかりだし。食わされるのはいつもイモとカボチャ。ドテカボチャってわかるかな？　クソまずいカボチャがあるんだよ。もうこれは本当にまずいなんてもんじゃない。土に栄養がないからそこで育つカボチャもやっぱりまずいのよ。けどそれが安く手に入るから、そればっかり食わされる。味はねえし、パッサパサだし。飯もぜんぶ麦飯。今だったら美味しい麦飯も多いけど、当時の麦飯はひどいもんだよ？　食えたもんじゃない。ただ腹が減るから、生きるために食ってただけだな。その頃の名残だよなぁ、いまだにカボチャもサツマイモもダメなんだよ。きっと今なら美味しいのがいっぱいあるはずなのにな。

小学3年生になってお袋と住んでからも、貧乏具合はそんなに変わんなかったんだ。やっぱり女手ひとつで働いてるから、たいした給料ももらえないよなぁ。だからオイラも中学校に入ってからはアルバイトをやったんだ。新聞配達。当時の給料で、ひと月さんざんやって600円。月収600円だ。お袋は夜遅くまで働いてたから、朝起きられないんだ。だからオイラが新聞配達で朝早くに起きて、学校行く前に妹の弁当と自分の弁当をこさえて。結構大変だったと思うけど、お袋を支えたいなって思いが強かったから苦ではなかったよな。それでも実家の婆さんの家にいた頃よりはずいぶん良かったから。

それから電気に関係する仕事をしてえなって思って、福島の電気関連が学べる高校に入ったんだ。けど正直そっちより、アルバイトで入った映画館の仕事の方が楽しかった。映写技師。そこは福島で初めて洋画も上映する映画館だったんだよ。そこで働いてると、パスみたいなのがあって他の映画をタダで観られるんだ。東映の東千代之介とか大川橋蔵とか。美空ひばりさんの映画をたくさん観たのもこのときだよな。

そのときにアメリカのコメディー作品もずいぶん観たんだよ。チャップリンとかジェリー・ルイスの『底抜け大学教授』とか、ボブ・ホープとビング・クロスビーの『珍道中』シリーズとか、あのあたりはすっげぇ観た。もちろん吹き替えなんかなくて、英語字幕でやってるのにみんな笑うんだよ。もう大爆笑。客がドーン！って笑うから。文字見ただけでだよ? ジェリー・ルイスやチャップリンなんてのは、もう体で笑わすからなぁ。あのときの衝撃ったらなかったぜ。言葉が通じなくてもこうやって人を笑わせられるんだなぁって。特に彼は、ダニー・ケイとかもそうなんだけど、音楽に関するギャグが多かったの。音楽コントみたいなのをよくやってたんだ。そのときだよ、なんとなく「音楽コントっていいなぁ」って思ったのは。まぁ、まさか自分がやるなんてことまでは思ってなかったけどな。

もっと大人になってからラスベガスに行ったときに、ジェリー・ルイスがショーをやってたのを生で観たことがあったの。まだ自分も『全員集合』（※『8時だヨ！　全員集合』）も始まってない頃だったけど、あの人はもう60後半だったと思うんだよな。けど映画で観たときの動きと同じことを、何十年も経ってるのに変わらずやっているんだよ。すげぇよなぁ。世界で一流のショーを、あの当時に映画という形で安く観られてたのも貴重な経験だと思ったよなぁ。

ミスターK

ザ・ドリフターズ初のレギュラー番組として、『ホイホイ・ミュージック・スクール』ってのがあったの。鈴木やすしさんと木の実ナナがMCで、1962年から1965年くらいまでやってたのかなぁ。バンドとしては、音楽コーナーの演奏担当として参加してて。オイラも番組が始まってちょっとしてから、終了する最後の頃までずっと出演させてもらってたんだよ。その番組の放送が終わって、慰労会みたいなのでラスベガスに連れて行ってもらったんだよね。オイラが24～25歳の頃かなぁ。

初の海外どころか飛行機も初めてで。ロスまで13～14時間、そこから乗り換えてラスベガスまで40～50分、1時間くらいだったかな？　その頃のラスベガスは、今みたいにたくさんホテルがあったわけじゃないんだよ。ポツーン、ポツーンと5つくらいが立ってる程度。なんにもない田舎に街ができたって感じだったな。その頃、日本から持ち出せるお金は1人500ドルまで。1ドル360円の時代だから18万くらいか。それでも向こうでは100ドルもあればいろいろ買えたから十分だったんだよ。

そんでまぁ、やっぱりラスベガスっつったらカジノに行くよね。その時初めて行ったんだけど、ブラックジャックは普段から日本でもやっててよく知ってたから、やってみたら初回で結局800ドルくらい勝ったのかな。それですっかりハマって、その後も休みになるとよく行くようになったんだ。

3回目か4回目に行った時かなぁ、給料も良くなってた頃だからもう『全員集合』も始まってた頃だな。とはいえ、まだ日本から５００ドルしか持って行けない時代だったから、なんだかんだすぐなくなるじゃない？　その時は長さん（※いかりや長介）も負けてたんだけど、「加藤、金いるか？」って資金を分けてくれて。それ持ってブラックジャックに行ったら１５００か１６００ドルくらい勝って、そのまま今度はバカラに行ったんだよ。次の日、ショーを見に行く予定があったんだけど、もう徹夜でバカラをやっちゃって。朝になって志村（※志村けん）が迎えに来たんだ、「もう行きますよ」っつって。けどその頃にはオイラ４０００ドル以上勝っちゃってたんだよ。さすがにホテルの他のお客さんとかもザワついてて、みんな俺のこと知ってるんだ。１９７０年代初頭の話だから、当時で言ったら相当な金額だよな。すごいんだよ、本当に。だって使ったって使ったってもう使いきれないんだから。

しかもそんなにあったって法律的に日本に持って帰れないんだよ。いくらかはホテルで預かってくれるんだけど、それでも余りまくってて使い道がないからっつって、ラスベガスから車で1時間半くらいかかる砂漠のど真ん中に世界中の美女が集まる施設があって、そこに志村とオイラと仲本（※仲本工事）、あとスタッフ何人か連れて「みんな奢ってやるから行くか」って7～8人で行ったんだよ。ドンペリのこ～んなでっかいの頼んでどんちゃん騒ぎ。女の子たちにもチップ配りまくって。すげぇ使ったはずなんだけど、まだすげぇあるし。全然使いきれなかった。

その時にホテルに結構デポジットしたから、以来、上客になっちゃって。ことあるごとに、ファーストクラスのチケットを送ってくるんだよ。でかいボクシングの試合があると「あなたのために席を取ってあるので来てください」っつって。一番いい席を4席くらい用意されてて。ラスベガスからロスまで、プライベートジェットでわざわざ迎えに来るんだよ。オイラが行くと「ウェルカム、ミスターK」なんて言われて。

ラスベガスはそれから何度も行って勝ったり負けたりしてたけど、結婚する前、60くらいまではそんなの続けてたかなぁ。ドリフのメンバー全員でもよく行ってたしな。カジノだけじゃなく『全員集合』のネタを探しに、一流のショーを観たり勉強したりもしてたよ。エンタメの聖地だったからなぁ。

コパカバーナ

まだ福島の高校に通ってる頃、東京ってどんなところなんだろ？　って興味を持って、あるお正月に川崎に住んでた叔母を頼って上京したんだよ。ただ遊びに行っただけなんだけどな。でもその頃1950年代後半だからね、当時の日本って言ったらもう高度経済成長期真っ只中、なんならその黎明期なんじゃないかな？

そんなさなかだから、初めて行った東京はやっぱりすげぇ息吹で溢れてたんだよ。人の活気と街の勢いに衝撃を受けたわけ。人は多いし、みんな歩くのは速いし。エルヴィス・プレスリーとかロックが街中で鳴ってるんだぜ？　オイラが住んでたところは本当に福島の田舎だったから、その差にもびっくりして、これから日本はすごい変わる、この勢いに乗らないといけないって。このまま福島に戻ったら置いていかれるんじゃないか？　って焦ったんだ。

もう福島に帰るのが嫌になっちゃった。絶対いい仕事取れるって自信はあったし、せっかく東京にいるんだったら、自分のやりたいことやろうって思ったんだよ。それがミュージシャンだった。親父もバンドマンだったし、親父の後を継いで自分もなろうって。新聞見たら、広告欄にあるんだよ〝バンドボーイ求む〟って。それが渡辺弘とスターダスターズってバンド。今でいうビッグバンドだよな。24〜25人くらいの。

その広告を見て、すぐリーダーに会いに行ったんだ。赤坂に『コパカバーナ』っていう有名な高級クラブがあって、そこで渡辺弘さんが演奏してたんだよ。すでに彼はわりと有名だったから、調べたらすぐ場所がわかって。で、直接「僕を雇ってください」って言ったんだけど、オイラちっちゃいもんだから中学生にしか見えなかったらしくて、ダメだって断られたんだ。けど、これを逃したくないから来る日も来る日も通って。そしたらついに折れて雇ってもらえたんだよ。その時の給料がひと月で5000円。あの頃、誰かの歌であったんだ。「僕が給料もらったら1万3800円♪」って。だからサラリーマンの平均でそれくらいだったから、まぁかなり安い方だったんだけど、この時は金よりも何よりもバンドマンになりたかったからそんなのどうでも良かったんだよ。

その『コパカバーナ』ってナイトクラブもすごくて、見たことないようなキレイなお姉さんがいっぱいいるんだよ。それが女給さん、今でいうホステスなんだけど、その人たちが入れる部屋があったんだ。男はなぜかオイラだけそこに入れたんだけど、そこで女給さんたちの給料が渡されるの。番号が振ってある封筒が並んであって、そこにみんなの給料が現金で入ってるんだよな。その封筒のほとんどが立つんだよ、しかも週給だからね？　もうみんなこ〜んな厚いの。「あれ、そんなに稼ぐんだ？」って思うじゃない。女の人に対抗意識はなかったけど、オイラもがんばろうって思ったよな。

この頃ちょうどデヴィ夫人が18歳くらいで『コパカバーナ』にいたんだよ。もう、ものすげぇキレイですでに界隈ではすごい有名だった。遊びに来るのも一流芸能人ばっかり。そんな超高級な遊び場だったから、17になったばっかりのオイラは全部が衝撃だったよな。

うちに帰らないで寝てるのがいる

渡辺弘とスターダスターズって、かなり売れっ子ですげぇ忙しかったんだ。日中は遠征に出て、夜は赤坂の『コパカバーナ』に戻ってまた演奏しての繰り返し。そんな日々をずっと続けてた。オイラはもちろん17歳の一番若手、バンドボーイ、ボーヤっていってバンドの付き人でローディだよな。そんなだから、メンバーの水を運んだり飯を頼んだり全部やってた。今思い返しても、やる気がなきゃ続けられねえよなぁ、だって24人分の楽器を一人で運ぶんだぜ?

そんななかでも、もちろんゆくゆくは楽器をやりたかったから憧れるわけよ。初めはトロンボーンをやりたいなんて思ったんだけど、練習したくても管楽器ってのは高いんだよなぁ。あの頃で安くて20万とか。月収5000円じゃいつ買えるんだって話だよな。とても買えねぇなと思ってたんだけど、ある時ドラムさんが「ボーヤ、これ捨ててきてくれ」って折れたスティックをオイラに渡したんだ。でもこれ、まだ使えるんじゃねぇか? って思って削って使ってみたら一丁前にやれるんだ。これなら練習できるぞって。

スターダスターズのチェンジ・バンドに杉原淳とイースト・サウンズってモダンジャズをやってたバンドがいたんだよ。そこのドラムさんがチコ菊地っていうんだけど、その人がある日「ボーヤ、お前楽器何やるんだ?」って声かけてくれて。「今のところ決まっていないんですけど。スティックもこんなんですけど、一応ドラムやってます」って言ったら、「じゃあお前、正式にドラムやれよ、スティックも俺のやるから」って言ってくれて。それからマンツーマンで1週間みっちり仕込んでくれたんだよ。なんで1週間かっつったら、チコさんの兄貴が横浜のナイトクラブでバンドをやってて、そこのドラムがもうすぐ辞めるからって。「俺が教えてやるからお前行け」って。譜面の見方から教えてもらって、マンボとルンバとサンバとジャズ、あと歌謡曲も習って。

本当にその1週間後に現場に行かされたんだよな。その前から個人的には練習してたし何とか形にはなったんだけど、つっても即席で仕上げた感じだったから、そのバンドのメンバーになってからも時間があればずっと練習してた。もう本当にずっと。そこのボーイさんが言うんだよ、「うちのクラブに、家に帰らず寝泊まりしてるやつがいる」って。時間もないし疲れてるから、オイラもうクラブで寝泊まりしちゃってたんだよな。夜中までずっと練習やってるから「うるせぇな、この野郎」っていろんな人にめっちゃ怒られてたんだけど、「すみません」って頭下げながらずっと練習してたんだ。でもそれから3カ月くらい経った頃かな、「最近はうるさくなくなったな」って褒めてもらえるようになったんだ。上達した証だよな、騒音じゃなくなったんだよ。

未知の世界に行けるんだぜ？

「若いんだからさ、ロックやろうよ」って誘われたんだよ。バンドからバンドに移るときっていうのは、給料が上がるんだ。引き抜きみたいなもんだからね。それで次に入ったのがクレイジー・ウエストってロックバンド。それからだな、本格的にプロとして活動してる感じになったのは。

オイラが入ってちょっとしてから、大学生の、オイラからしたらすげぇボンボンが入ってきたんだ。「歌やりたい」っつって。大学に入るなんて、当時は上流階級の人だけだったからなぁ。それが仲本だったんだよ。けど歌わせたらいい声してんだよ、センスはあったよな。

クレイジー・ウエストは米軍キャンプの仕事をよくやってたんだ。福生も行ったし立川も行った。横須賀も行ったなぁ。行くと何より嬉しかったのが、飲み物も食い物もタダ。しかもその食い物が半端じゃないんだから。サンドウィッチに入ってるのが、こんなに分厚いハムとか牛肉。日本じゃめったにお目にかかったことのないやつだらけ。それがズラーッと並んでるんだ。見たことも食べたこともないものがたくさんあるんだぜ？　それを食えるのが嬉しくて行ってたようなもんだよな。コーヒーを初めて飲んだのもそのときだしな。「こんなところと戦争したんじゃ、そりゃ負けるよなぁ」って思ったよ。米軍の人たちもみんな体でけぇしな。

オイラがドラム叩いてると、子供が叩いてるように見えるんだろうな？　それが器用に叩いてるもんだから、まぁウケるんだよ。「お前ソロやれ」って言われてやったら、ピーピーピーピー口笛鳴らして踊っちゃって。すげぇワーワー言われんの。「子供が上手いこと叩いてんな!」っつって。そこで気に入られちゃって、沖縄のキャンプにも誘われんたんだよ。「足代もやるから、今度ショーがあるから来ないか」ってみんなで誘われたんだ。当時沖縄が返還される前だから、パスポートも必要だったし簡単には行けなかったんだよ。外国に行く感じだよな。けどその時、仲本は学校があるから辞めたんだ。親父に反対されちゃってな。けど仲本は沖縄出身なんだぜ? 親父が反対した意味がわからなかったよ。

一方オイラは未知の世界に行けると思ってわくわくしてた。けど、沖縄へ行くにも飛行機で簡単にビャーッと行けるわけじゃないからね。東京から神戸まで電車で行って、神戸から船に乗っかって。3日で着くって言われてたのに台風が来て、結局沖縄に着くのにそれからさらに1週間くらいかかったんだよ。もう一生着かないんじゃないかと思ったよな。仲本の代わりに女のダンサーと歌手を入れて、沖縄にはそのまま1カ月間滞在したんだ。向こうでは飯代っていって1日2ドル出るんだよ。けど飯を買っても50セントでお釣りがくる。もちろん給料も出るんだけど、飯代だけでも金が貯まっていったよ。とにかく楽しかったなぁ。

そのまま今度は台湾の米軍基地に呼ばれて。もうここまで来たら一緒だよな、台湾もそのまま行ったよ1カ月間。やんちゃな夜遊びも2ドルもあればできるんだ。その頃にはギャラとか飯代の余りが貯まってたから、ずいぶん遊べたよな。ベースのハチってやつと夜な夜なよく遊んでた。

遠距離恋愛

アメリカ人って結構フレンドリーで、当時の日本人が思ってるほどにはぜんぜん怖くなかった。みんな関わったことないだけだったんだよな。実際オイラは沖縄に行ってたときも、かなりよくしてもらってたよ。

クレイジー・ウエストとして沖縄に1カ月間滞在してたとき、案の定オイラの、子供みたいな見た目で器用に叩くドラムはかなりウケたんだ。しかもドラムソロが特段ウケてたから、バンドとしての滞在期間の終わりが見えて来た頃にスカウトされたんだよ。「お前、一人でもいけるからこのまま沖縄に残らないか？」って。

それで提示された給料がまたいいのよ。週給で300ドルやるからって。チコさんの兄貴のバンドの時で月給5000円、その後入ったクレイジー・ウエストでちょっと上がって1万2000円だったかな。そんなオイラからしたら、週給300ドルってすごい話じゃない？ 1ドル360円の時代だから1週間で10万、月で40万。初任給1万3800円の時代だぜ？ 一年もがんばれば家も買えるくらいだよな。とにかくでけえ話なのよ。その時はすげえ悩んだよなぁ。

何度も残ろうかと思ったんだけど、やっぱり日本が恋しくなって帰って来ちゃうんだ。って言うのもその時、まだ日本に彼女がいたから。オイラより一つ年下の娘だったんだけど、キレイな人でな。

恋しくなっちゃって沖縄の後の台湾1カ月間までは遠征して、その後の延長は断って東京に戻って来たんだ。それで帰って来て満を持して電話したら、話してる途中でガチャって切れたんだ。「なんだ、そそっかしいやつだなぁ」って思ってたんだけど、次かけたらもう出てくれねーの。おかしいなー、なんて思いながら友達に聞いたら「もう彼氏ができたみたいよ？」みたいなことを言われて。それでやっとわかったんだよ、振られたってことに。突然切られたんだよ、せっかく戻って来たのにひでえ話だよなぁ。2カ月も待てなかったみてえだな。

そんな時にドリフターズから「来いよ」って誘われたんだ。長さんより前に桜井輝夫さんってリーダーがいたんだけど、その人が会いに来てくれて。それで「うちに来ないか？」っつって。オイラは振られたばっかりだし、忙しさで忘れたいと思ってたから渡りに船だよなぁ。それが1962年の話。桜井輝夫とザ・ドリフターズのメンバーになったんだ。でもな、ちゃんと前より給料が上がってるか、条件をしっかり確認して入ったよ。

ジャズ喫茶の興隆

クレイジー・ウエストからドリフターズに移るときのことだな。クレイジー・ウエストは沖縄遠征もして台湾遠征もしてノリに乗ってはいたんだけど、当時青山ミチっていう売り出し中の女性シンガーのバックバンドもやってて。だんだんそれがメインになっていったから、仕事をすげえ抑え始めてて、バンド本体の仕事がどんどん減っていってたんだよ。で、ちょうどその頃、世の中的にジャズ喫茶ってのがすごい人気あったの。当時の一般的なサラリーマンの初任給が1万3800円の時代に、輸入盤LPは1枚3000円もするからよ、めちゃくちゃ高価だったわけだ。だからなかなかレコードを聴く環境がなかったんだけど、ジャズ喫茶だとLPやバンドでそれを聴けるわけだから若者の間で流行ったんだよな。

そこで人気だったのがザ・ドリフターズ。ドリフターズは有名な曲も歌ったりなんかしながら、ちょっとしたコントをやったりしてすげえウケてたんだ。当時はまだ長さんじゃなく、桜井輝夫さんて人がリーダー。人気もあって仕事も多かった。そっちの方が忙しいし、給料も上げてくれたから「ちょうどいいや」ってんでドリフターズに入ったんだよ。ちょうど19歳の頃。誕生日のときに入った。でもまぁ、この時点ではオイラは特にコントを意識してなくて。ドラマーとしての向上心が強かったから、そっちに夢中だった。ドラムの練習はそのときもずいぶんしてたなぁ。

一方この頃からすでにドリフターズには、コントを織り交ぜたショーの原型があったんだ。歌もいいし、コントで笑いも取ってる。だからジャズ喫茶でドリフターズがやる時はすげえ客が入ってたよ。ポン青木ってのがビブラフォンやってて、長さんがベースを弾いてて。ピアノがいて、ドラムにはオイラがいて。ギターは2人ぐらいいたのかな。ボーカルに高松秀晴とやっさん(※小野ヤスシ)がいて、リーダーの桜井さんがギターを弾きながら歌っていたり。あとは木の実ナナ。あの時はまだ16歳で歌っていたなぁ。曲によってコーラスに変わったりもしながら。そんなの全部合わせると合計12人。

その中でも大体笑いを取ってるのはやっさんと長さんとポン青木とジャイアント吉田。この4人ぐらい。歌の合間にコントらしいことをやってて、このメンバーはよくウケてたよ。それをオイラはドラムに座りながら後ろで見てて、楽しいなぁって思ってた。いつか自分も、ああいうことをやりたいかもしんねえなと思って見てたなぁ。

IKARIYA CHOSUKE AND THE DRIFTERS
いかりや長介とザ・ドリフターズ
WATANABE PRODUCTION
MATSUI BLDG #4, 1 CHOME, YURAKUCHO
CHIYODAKU TOKYO, JAPAN
TEL 502-0541 CABLE PROWATANABE

お笑い初挑戦

ドリフターズが都内のジャズ喫茶で大人気になっていくなか、鈴木ヤスシと木の実ナナが司会の番組『ホイホイ・ミュージック・スクール』ってのが日本テレビで始まるんだけど、そこで初めてテレビ番組にレギュラー出演することになるんだよ。素人のど自慢みたいな感じなんだけど、そこの伴奏としてバックにずっといる感じだな。

で、毎回「バックバンドのドリフターズです」って紹介されるんだけど、その時にちょっとしたコントみたいなのをやるんだよ。90秒でギャグとかをするんだけど、ただみんな何やっても全然ウケなくて。白井荘也さんっていうディレクターさんがいたんだけど「誰かやれるのいねえかな」って探してたんだ。それでオイラが「僕にやらせてください！」って手を挙げたんだよな。それまでそんなのやったことなかったのに、なんで急にそんなに思い切れたのか自分でもわかんねえんだけど。やっぱ笑いをとりたかったんだろうな。

自分から手を挙げたのも含めて、白井さんがオイラの前のめりな姿勢を気に入ってくれて。「お前はルックスもいいし、人気出ると思うからやってみろ」って、その時初めてコントに挑戦したんだよ。その頃オイラ、地元・福島のズーズー弁がちょいちょい漏れてたからそれをやろうと思って。遅刻してきた設定で「なんで遅れたんだ?」って怒られたときに「いや、電車がおぐれたんだぁ〜」って、全国放送じゃ珍しいズーズー弁を思いっきりやって。「バカヤロー。お前が遅れたんじゃねえか。電車が遅れたんじゃねえ」ってツッコまれるコントをやったらすごいウケたんだよ。当時は今みたいにスタジオでスタッフは笑っちゃいけねえんだけど、オイラがコントやってるとカメラさんが笑いをこらえて、画面が揺れるんだよ。それくらいウケてたんだよな。白井さんからは「お前はリズム感がいいんだから、リズムを忘れるな」って言われた。つまり〝間〟だよな。こんなふうにドラムの経験が生きるなんて思ってなかったけどな。

ジャニーズ事務所の一番最初のグループってみんな知ってるのかなぁ？ まさに『ジャニーズ』って名前のグループがいたんだよ。そいつらがすげえ人気が出てきてて、一緒に番組やってたんだけど、もういつも黄色い声援がキャーキャーだったの。番組はいろんなところで収録してたんだけど、一回、歌舞伎座で生放送をやったことがあって。そこでジャニーズが出たら、やっぱりみんなもう「ぎゃーーー!!」って騒いでたんだけど、オイラがコントで出て行ったらそれと同じくらい「ぎゃーーー!!」って騒いでてて。「あれ、オイラいつの間にかこんなに人気があるのか」ってびっくりしたよな。それ見てディレクターの白井さんにも「珍しい」って言われたんだ。「コメディアンでこんなにぎゃーぎゃー言われるのお前しかいない」って。余計気に入ってくれて、それからオイラのコーナーみたいなのもできて。自分のやりたいことを「こういうふうにやりたい」「ああいうふうにやりたい」って伝えたら出番もどんどん増えていって。白井さんとは一緒にたくさんコントをやらせてもらったよ。最初の〝加トちゃんぺ〟ができたのもこの時だからなぁ。ちなみにこの日本テレビの白井さんは、その後の『ドリフターズ大作戦』とか他の番組でもたくさんお世話になった恩人だよ。

それからだ。番組に出てるときもジャズ喫茶での出演は続けてたから、そっちのステージでもオイラもお笑いをやってみようってなったんだ。一番最初にやったのは忘れもしない、ジャイアント吉田が考えたやつ。『テネシーワルツ』をまじめに歌って、間奏で突然踊りだすっていうの。「大丈夫かなぁ?」「まぁ一回やってみるか」ってやってみたら、フロアがもうしーんとして。全然ウケねーの！「あ、イテー」って思ったよな、ものすごいスベってるんだから。やっぱり自分で考えたり、ちゃんとしっくりきたものじゃないとダメだよなぁ。

また3人で暮らしたい

高校生になってから地元・福島を飛び出して東京に出たはいいんだけど、やっぱり福島に残ってるお袋と妹のことはずっと気掛かりだったんだよ。

出て来た当初は、東京っていっても川崎のおばさんのところにいて。『コパカバーナ』のバンドボーイになったぐらいで、ようやく一人暮らしを始めたんだよな。つってもその時の給料が月５０００円で、家賃は３５００円。赤坂まで通う定期券を１５００円で買ったらもう終わり。飯も食えないぐらい金がないわなぁ。お袋と連絡をとろうにも、その頃なんて電話もあんまりできないし、手紙でやりとりする程度だからよ。やっぱり心配だよな。早くまた3人で暮らしたいってずっと思ってたからなぁ。

けどそっからクレイジー・ウエストに入って、ドリフターズに移籍する頃にはずいぶん給料も良くなってたから、中野坂上にマンションを借りられたんだよ。そこにお袋と妹を福島から呼び寄せて、ようやくまた3人での暮らしができた感じだな。オイラが19歳の時。やっぱりそれも一つの目標だったから、早めに叶えられて良かったよな。お袋もまぁ喜んでくれたよなぁ、ずっと一緒に住みたいと思っててくれたみたいだしなぁ。

ドリフの分裂

日本テレビで『ホイホイ・ミュージック・スクール』をやってる頃、リーダーの桜井さんは徐々にライブに出なくなってて、代わりに長さんが練習とかの指揮を執ってたんだ。まだ碇矢長兵衛って名乗ってた頃だな。お笑いの感性はみんなそれぞれあったんだけど、笑いの面でやっさんと長さんがぶつかり合ってたんだよ。なかなか合わねえなぁって。

そういうのもあって、やっさんとジャイアント吉田を中心にドリフを抜けて別でバンドを組む話が挙がってたんだ。後にドンキー・カルテットってバンドでデビューするんだけど。オイラもネタの感覚が長さんと合わない部分はあったし、ドンキー・カルテットはドリフターズの中でも若いメンバーで組む話だったから、どうせならそっちとやりたいって気持ちはあったんだ。だからオイラもそっちについて行くつもりだったんだよ。

まだ『ホイホイ・ミュージック・スクール』でオイラのコーナーもやってて人気も健在だったたから、長さんもそれを見て「やっぱりコイツを放したくない」って思ったんだろうなぁ。「加藤は残ってくれ。向こうは若い連中でやるから、お前がいなくてもできるから。こっち見てくれよ、年寄りばっかり残ってんだよ」って。年寄りばっかだから、行きたくねえんだよっつってんのになぁ。

営業で地方の遠征とかも結構行ってたんだけど、そういう時も長々と説得されて。そんなのもみんな知ってたから、やっさんやジャイアント吉田とも「お前、ドリフターズに残るだろ?」「残らねぇよ」みたいな会話はしてたんだよ。けど本当に長さんもめげずに「どうしてもお前がいないとできないから残ってくれ」って何度も何度も説得されて。そんなに言われ続けたらさすがにオイラも折れるよなぁ。

けど長さんは後にこう言うんだよ。「加藤はしょうがなく俺が引き取った」って。嘘なの、逆なの。ひどいもんだよなぁ。で、残留を決めた後、結局いろいろあって他のメンバーも辞めていったんだ。それで追加のメンバーを探そうやってなって、他のバンドで活躍してたブーたん(※高木ブー)を入れて、クレイジー・ウエストでピアノだった注さん(※荒井注)も入って。その後くらいだなぁ、オイラとは再会する形で仲本もメンバーになって。やっとこの時に、よく知られるドリフの5人が出来上がったんだ。まだ志村が入る前のね。オイラはこの時21～22歳くらいだなぁ。だから1964年くらいの話。

笑いのザ・ドリフターズ

長さん、注さん、ブーたん、仲本、オイラの5人体制になったはいいんだけど、やっぱり新しく入った3人はなかなかついて来られないわけ。しっくりくるまでしばらく時間はかかったよなぁ。音楽面に関してはみんな実績があったから、そこはすんなり合わせられたんだけどなぁ。

注さんに関しては手がちっちゃいから、ピアノのオクターブが届かなくて時々半音ズレてたんだよ。それでミスって客が笑ってたら、それに対して「なんだバカヤロー」って言ってたんだ。それがあのギャグの始まり。あれはドリフに入る前からやってて「あいつ顔も面白いしいいなぁ」ってことで長さんがうちに引き入れたんだよ。

5人体制の新生ドリフターズになった頃、名古屋のダンスホールでの仕事があったんだ。地方営業だな。正月の時期で、元日から10日ぐらいまでだったかな。会場はダンスホールだから、みんな踊りに来てるじゃない。「ワン！　ツー！　ワンツースリーフォー！」ってリズム刻んだらみんな踊りだすんだ。当たり前だよな。だけどオイラたちは音楽コントをやってたから、そのタイミングで「待ってくれ」っつってズコーって転んでたの。そしたら踊りに来てるお客さんたちは「真面目にやれよ、このヤロー！」って怒りだすんだ。でもオイラたちはウケたいから。「真面目にやったらウケねえじゃねえか」って言い分なのよ。オイラたちはもう笑いをやりたかったから。だからまずそれをわかってもらうために〝笑いのザ・ドリフターズ〟って名乗ってた時もあるんだけど、それでもみんな踊りだしちゃうんだよなぁ。どうしても。

うちの先輩でハナ肇とクレイジー・キャッツって人たちがいたんだけど、その人たちがフジテレビで『おとなの漫画』って番組をやってて。そのときの時事ネタっていうのかな、そういうネタをやってたんだけど、それがすげえ面白くて。番組ではバンドギャグとか音楽コントはしてなかったんだけど、日劇(※日本劇場)なんかでは『クレイジー・キャッツショー』っていって音楽コントなんかもしてたんだよ。だから好きな人は観に行って、ものすごい客も入ってたんだ。だから、そういうやり方が好きでお笑い感度のある人なら、音楽コントみたいなノリも伝わったんだけど、まぁ、まだ一般的にはそこまで伝わらないことも多かったよな。それに、日劇だとちゃんとステージがあって、お客さんとの距離もあるから〝ショー〟って雰囲気が伝わるけど、ダンスホールだとお客さんとの距離がすげえ近いのよ。だからダンスホールとは相性が悪かったよなぁ。

それでこのままじゃマズイっつうことで、どうしようかってミーティングをやったんだ。けど〝笑いのザ・ドリフターズ〟って言ってんだから、やっぱり笑いをやらなきゃしょうがねえだろってていうんで、オイラたちのやり方を貫いたんだよ。そしたら、そのやり方が3日目ぐらいから客もわかりだしてきて。みんなコントやる前に立って見て待ってるんだ。で、どんどん笑うようになってきて。楽しみ方が伝わったんだよな。それにオイラ自体は『ホイホイ・ミュージック・スクール』で、そういう笑いをやる人だってある程度認知されてたから、そのままバンドのスタイルもわかってくれたんだ。ブラウン管越しじゃわかんない、直にオイラたちのやり方が伝わっていくのを実感したよなぁ。めげずに貫いたのも大事だったんだと思うよ。

ザ・ビートルズの来日公演

ザ・ビートルズが武道館で最初で最後の来日公演をやったとき、ドリフターズがその前座をやったって話あるだろ。あれは『ホイホイ・ミュージック・スクール』を作ってた白井荘也さんってディレクターからの話だったんだ。「いよいよビートルズが日本に来るから、お前ら前座やってくれ」って言われて。何やるの？　って聞いたら「いつものドリフのお笑いでやってくれ」って言うんだよ。なかなかの大舞台だから気合いも入るよな。

渡された時間は20分間。だからオイラたちは、一生懸命20分の音楽コントを準備して持って行ったんだよ。そしたら前日に「10分にしてくれ」っつんだよ。まぁでも10分でもできるから、10分に作り替えたんだ。で、当日行ったら今度は「5分にしてくれ」って。本番直前になったら「2分にしてくれ」って。で結局2分でやったからね？　しかもうちが出るときに司会の人が「お次はザ・」って言ったらみんなビートルズが出てくると思って「ぎゃーーーーー!!」って騒ぐんだよ。こんな出づらいことないよなぁ。「お次はザ・ドリフターズ」って言ったら、客は「えーーー」って言ってんだから。だからまぁ前座っていっても、ビートルズと一緒にライブやったって感覚は正直全然なかったよなぁ。他にはブルージーンズとか、ブルー・コメッツとか内田裕也とか尾藤イサオが歌ってたな。

ビートルズがデビューして4年後とかの絶頂期のタイミングだったから、本当にすごい盛り上がりで。日本中が大騒ぎだった。で、当時「神聖な武道館で西洋の音楽をやるなんてけしからん！」って言う、危なっかしいやつらも一部いたんだ。だからもう警察も大量に投入されて厳戒態勢なわけよ。世界的なスターだし、日本で何かあったら大変なことだからなぁ。ビートルズが泊まってたホテルから武道館に移動する車が護送車だったからな？　テロリストとかを制圧するための盾あるじゃない？　会場でも、あれ持った機動隊がズラーって並んで待機してたからね。

せっかくだからオイラたちも自分たちの出番が終わった後、観に行ったんだよ。けど、舞台セッティングも厳戒態勢で、アリーナからステージに興奮した人が上がって来ないように、2階席に合わせたすげえ高い位置にステージが設置されてたんだ。高過ぎて、オイラたちだってステージに上がるのに30秒くらいかかったからなぁ。そういう意味ではオイラたちは正味1分半くらいしか演奏してないんだろうな。で、下にアリーナ席があるんだけど、機動隊がもうずっと配備されてんのよ。300～400人ぐらいいたんじゃねえかなぁ。だからオイラたちが下から観ようとしても、もう高くて全然観えねえんだ。音だけでも聴きたいのに、それもダメだよって止められるし。トイレ行くにも機動隊がついてくるんだからね？　オイラたちが変なことやるわけねえよなぁ？　だからそもそも楽屋から出るのでさえ難しかったんだよ。ブーたんは何とか機動隊の端っこの方から観たらしいんだけどなぁ。オイラは本当、一応共演者なのに何にも観てないな。

テレビ

芸名決め

ザ・ドリフターズは桜井輝夫さんがリーダーだった頃は、桜井さんがそのままオーナーだったんだよ。けどその後、新生ドリフとして長さん、注さん、ブーたん、仲本、オイラの5人体制になった頃、渡辺プロダクションに所属することになったんだ。

だからクレイジー・キャッツがナベプロの先輩にあたるんだけど、ある日リーダーのハナ肇さんがオイラたちの稽古場に来たんだ。

「お前たちか。ドリフターズっていうのは」「はい！　お願いします！」なんて挨拶から始まったんだけど

「芸名あるのか？」

って聞かれたんだけど、確かにみんなずっと本名でやってたし芸名なんて意識したこともなかったから。

「ないですけど」っつったら「じゃあ俺がつけてやるよ！」

って急にメンバーの芸名決めが始まったんだよ。ハナさん曰く、芸能界は水商売だから水にまつわる名前が縁起いいんだと。オイラたちも何も知らないから疑いもせず、お願いします！　って流れになって。

「加藤。お前は自分で加トちゃんって言ってるよな」「はい！」って言ったら「じゃあお前〝ちゃん〟を茶にしろ。お前は今日から加藤茶」って言われて。「水そのままだからいいだろ？」って。そんな状況で「お茶の茶ですかぁ？」なんて言えるわけないだろ？　だからもう「はい！」って受け入れるしかなかったよなぁ。

長さんには「碇矢だよな、お前は。碇が入っていて水に関係しているから、お前はひらがなでいいかりやでいいや」って。けど、長さん本名は長一っていうんだけど「長一は気取ってるから、お前は今日から長介だ！」って言われていかりや長介になったんだ。内心「長一って気取ってるか？」って思ったけどなぁ。

「荒井。お前は危険な顔してる。注意人物だから荒井注でいい」って。〝注〟も〝さんずい〟があるから、しっかり水に関係してるんだ。その場での即興だったのに意外と考えられてるよなぁ。

仲本も本名は仲本興喜って言うんだけど「興喜って名前も気取ってるなぁ。お前は工事中の工事にしろ」って。「えっ、水に関係してなくない？」って思ったら「バカヤロー。セメント練るとき何使う？水使うだろう」って。仲本工事になったんだ。

ブーたんは「お前、見たまんま。ブーでいい」「ブタは何で水に関係あるんですか？」ってブーたんが言ったら「ブタは小屋を清潔にしていないとストレスで死ぬんだ」って。ブタはすごいキレイ好きなんだって。「掃除するときも何使う？　水で洗うだろう。だからブタでいい」って、何かみんなこじつけみたいな感じだなぁって思いながら、芸名が決まっていったんだよ。みんな最初は反対してた

んだけど、先輩が言うんだからしょうがねえだろって。けど不思議なもんだよなぁ。芸名使っていくうちに売れてくるじゃない、そうするとその名前が良くなってくるんだ。注さんだって本名は荒井安雄なんだけど、確かに荒井注の方が呼びやすいもんな。ブーたんだって、やっぱりブーって呼ばれるとすごく愛嬌がでるし、子供なんかは呼び捨てにするんだよ。長介とか注とか工事とか、オイラは加トちゃんだったけど、やっぱり親しみやすくなるよなぁ。やっぱり呼びやすいって重要だったんだよな、後からやっぱりハナさんすげえなって思ったよな。

ミュージシャンとしての瀬戸際

ドリフターズがドンキー・カルテットと別れる頃、笑いに対する考え方は若いメンバーと年上メンバーで結構差が生まれてたんだ。まぁ、だから分裂することになるんだけどな。

音楽コントって考え方は基本的にどっちも同じなんだよ。だけど、音楽と笑いの割合の違いというか、ちょっとこれは説明しづらいんだけどもな。例えば長さんが作る内容は、あくまでコントが軸なんだ。もちろん音楽もやるんだけど、すごくコントらしいコントをする。笑いの雰囲気も、あくまでコントを想定したものというか。かたやオイラも含めた若い連中がやりたかったのは、逆に音楽を基準とした笑い。やる音楽の選曲も違うし、コントの取り入れ方も違う。そっちをやりたいオイラたち若い連中同士で話し合うと、意見も合致して特にぶつかりあいもないからいいんだよ。年齢も近いしはっきり言い合えるしな。その辺の折り合いつけるのがやっぱり難しそうだなと思ったから、オイラも初めはドンキーに行きたかったんだよ。

だから最初はもっと音楽の方もやりたい思いもあったんだ。けど『全員集合』が始まっただろ？あれは結局、笑いだけをとことん追求したコントを求めてる番組だから、音楽的な要素を考えてる暇がなくなっちゃったんだよ。毎週、番組冒頭でコントをやるんだけど、当時生放送だから相当頭に叩き込まないとできなかったから練習をみっちりやってたし。時間も厳密に決められてるし大変だよ。

それが毎週あるんだから。日々その練習と本番の繰り返しだから、もう音楽を考えてる時間がなくなってた。

その頃にもドリフターズとして楽曲のリリースはしてたんだけど、そんな忙しいなかレコーディングするからもうてんやわんやだわな。もうかなり強引にやってたよ。オイラたちの気持ちのなかでは、もう仕事と仕事の合間の余分な時間で何とか音楽をやるって感じだった。

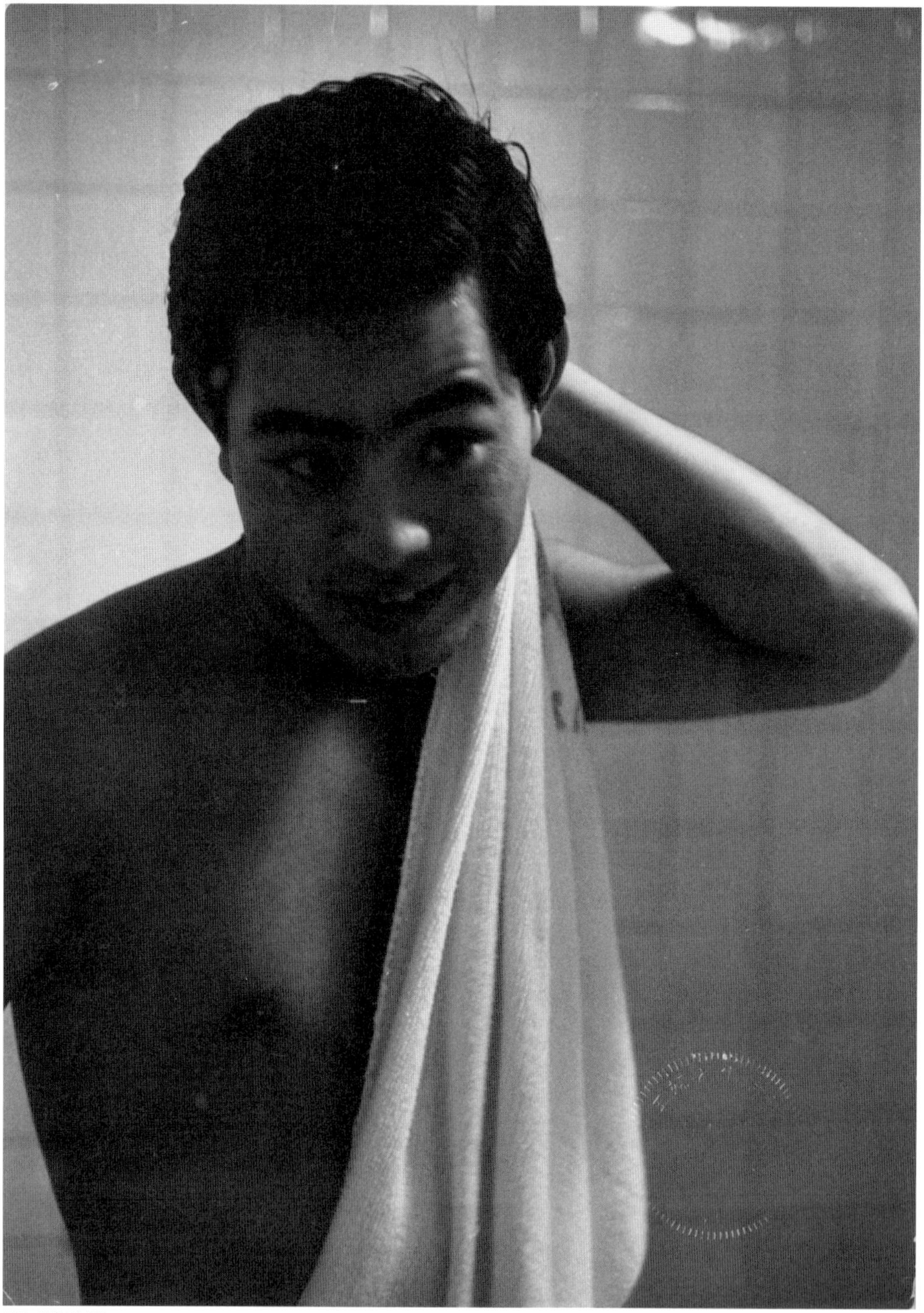
撮影：主婦と生活社

志村の弟子入り

志村はもともとドリフに入ろうと思ってやって来たわけじゃなかったんだ。うちと出会うもっと前、若い時分は脱線トリオが好きだったらしい。

脱線トリオってのは由利徹さんと南利明さんだっけ？あと八波むと志さん。彼らが当時組んでたグループなんだけど、それが好きでよくショーを観に行ってたらしいんだよ。トリオコントのはしりみたいな人たちだわな。みんな喜劇俳優で演技も上手くて面白かったんだ。けど早くに解散しちゃってたんだよな。

志村はビートルズも大好きで、初来日となった武道館公演も観に来てたらしい。けどそれは実際オイラたちの出る回じゃなかったみたいなんだけどな。けどやっぱり、そこで共演してるグループなんだからドリフにも憧れたんだろうなぁ。とにかく「同じ舞台に出たい」って気持ちで、長さんのところに弟子入りしに訪ねて行ったらしいんだよ。

その時で1960年代後半くらいだから、まぁ当然通信手段もたいしてないわなぁ。けど当時は、週刊誌とかに芸能人の自宅って公開されてたんだよ。ひでえもんだよ、住所までわかるんだ。志村はそれ見て長さんの自宅まで直接行ったってんだよ。いわゆるアポなしで行ってるし、当然何度も断られたらしいんだけど雪の日とかにもずっと待ってて、その姿を見てついに長さんが折れたみたい。なかなかの執念だよなぁ。志村はもともとそういう部分があるんだよな。

全員集合の舞台裏

オイラはいつも朝7時くらいに寝て、昼の1時に起きるんだよ。エンジンがかかるのは昼の3時から。それから朝飯を食べて、夜8時くらいに昼飯、だからオイラの夜飯は深夜2時。こんな生活を60年くらいずっと続けてる。

『8時だヨ！　全員集合』は、もともと2クールで終わる約束だったんだ。初めの頃、オイラたちも勝手がわかんねえから、作家さんが考えてきたことをそのままやってたのよ。

冒頭まずクイズをやるんだ。滑り台みたいなのに乗っかって、解答を間違えるとだんだん角度がきつくなってきて、下にある水の中に落ちちゃう。昔よくあっただろ？　アレをやってたんだけど、オイラたちのアイデアでもないし、ぜんぜん誰も笑ってくれないのよ。それで「やっぱりドリフターズじゃ無理か」みたいな空気になって。2クールどころか1クールで終わりそう、みたいな噂もチラホラ聞くようになってきて。けどそれを聞いた時にやっぱり納得いかなかったんだ。

「ここまで言われるがままやってきたんだから、どうせ終わるならオイラたちが納得いくようにやらせてくれ」って直談判したんだよ。もうその時すでにいっぱい持ちネタがあったから、それを提案して番組でやらせてもらったんだ。そしたら視聴率がどんどん良くなった。もうしまいには番組プロデューサーも「全部ドリフに任せろ」って流れになったんだよ。

番組の冒頭きっかり20分がオイラたちだけでやるコント。そこ以外のコーナーにも合唱隊ってのがあったり、いろいろ企画はあんだけど、とにかく時間がカツカツなの。タイムキーパーがいるんだけど、番組始まった瞬間から「巻け！」って合図がもう出てんだ。なんでそこでもう巻くんだって話なんだけどな。けどどんだけ正確にやっても、やっぱり延びちゃうんだよ。お客さんが笑ってる時間とか入ってくるから、それの待ちがあったりもするしな。そんなこんなで「やっぱり延びちゃった」ってなったら、袖でタイムキーパーがキレてストップウォッチを投げてんだ。笑っちゃうよなぁ。その後にゲストを交えてやるコントとかもあるから、時間通りにやれなきゃマズイんだ。けどしょうがねえよなぁ。

ゲストもいろんな人が来てたんだぜ？　けど、ゲストとのコントもその時に初めて合わすもんだから大変なんだ。なかにはそんなことやったことなくてできないヤツもいるし、教えなきゃいけないじゃん？　そもそもやりたくない、みたいな態度のヤツもいるし。「じゃあなんで来てんだバカヤロー」って思ってたけどな。まぁそのまま本当に「じゃあお前、出る必要ねえだろう。帰れ」ってプロデューサーに怒られて帰らされたヤツも2〜3人はいたなぁ。

最初はコントの作り方も試行錯誤して時間がかかってたんだけど、だんだんみんなのなかでポイントがわかってきたんだ。初めはギャグから作り始めたりもしてたんだけど、それだとすごい詰まるんだよ。なかなか完成まで辿り着けない。それで掴んだのは、まず設定から決めること。その設定のなかで「俺はこうやる、ああやる」ってそれぞれを割り振ってくんだ。

例えば、まず学校って設定を決めるじゃない？　そしたらどういうキャラクターが欲しいか、自分ならどういうことができるかをそれぞれ「こんな案があるんだけど」って出し合いながらまとめていくんだよ。けどそういう作り方の型みたいなのができるまでにも、ずいぶん時間がかかったよなぁ。そんな感じで毎週死ぬ思いで考えて作ってたんだけど、毎週って酷だよなぁ。すぐにネタが尽きるんだ、アレもやったコレもやったって。自分たちが一番最初に飽きてくるんだよ。

「自分たちがやってることに、自分たちが飽きてたらいけないよな」

「一番危険なことだよな」ってみんなで一時期悩んだ。

けどよ、「落語なんか見てみろ」と。同じネタを何十年も、なんなら100年以上やってるじゃねえかって。「うちもそれでいこう」ってなったんだ。同じネタでも、即興性が加わったり、その時の自分のコンディションによって変わったり、〝お約束〟を楽しんだり。楽しむ方法は作れるし、同じなかで毎回面白いものが作れる自信があったんだ。

『全員集合』は収録の時もあったんだけど、基本的にはほぼ生放送。それを毎週やるんだぜ？　そりゃもう準備も死ぬ思いでやってたよ。毎週木曜の午後3時。赤坂のTBSの会議室にみんなで集まって、翌週やるためのネタ会議が始まるんだ。ああでもない、こうでもないって。大道具、小道具まで全部考えるんだ。その上で時間内にきっちり収めないといけないし難しいんだよ。だから木曜のその時間3時から会議が始まって、いつも金曜の早朝までやってた。それで金曜の朝はまた別の仕事が入ってるしな。それで、前の週に準備した本番を土曜にやる。本番が終わったらそのまま夜行列車に飛び乗って、地方営業に向かうんだ。日曜から月、火と営業が続いて。途中から水曜に他の番組も始まって。その頃にはかなり人気が出てたから映画も結構作ってて、それを合間で撮って、さらに合間でＬＰのレコーディング。まぁだから、本当に寝てる暇なんかなかったよ。１日２時間寝れたらいいとこだな。それもうちに帰る移動時間と、現場に行く移動時間も含めて。だからほとんど移動の車のなかでの睡眠だけだよな。

むしろ一番楽に感じられたのは土曜日の本番だった。最初は全国各地のホールでやってたんだけど、会議が朝10時に終わって、そこから車で１時間半から２時間ぐらいかけて地方のホールに行って、そこで何度も何度もしつこくリハーサルをやって、本番が夜９時に終わる。夜のうちに終わる仕事って基本的になかったから、それだけで楽だったんだよ。狂ってるよなぁ。『全員集合』が始まってからまぁ10年くらいは１日も休みなかったんじゃないか？　そんなめちゃくちゃな昼夜逆転生活みたいなのをずっとしてたから、夜の方が元気になっちゃって、オイラは今でも朝まで起きてピンピンしてるんだよな。

志村のブレイク前夜

志村が新人としてドリフに入ってきた当初、世の中になかなか受け入れてもらえなかったんだよ。つうか、そもそもぜんぜんウケてなかった。新生ドリフとして長さん、注さん、ブーたん、仲本、オイラの5人体制でやってた時に、いわゆるバラエティ史上最高って言われる視聴率50.5%を記録してるんだよ。それだけ凄まじかったんだ。そのメンバーで国民的に認知されてたから、注さんが辞めるタイミングで代わりに志村が番組に入ってくるんだけど、すぐには上手くいかなかったんだよ。やっぱり荒井注って人はすごいわけよ。「なんだ、バカヤロー」と「This is a pen」だけで人を笑わせてきた人だからなぁ。その人には敵わない。「見習いで入ります」って志村を番組で紹介したんだけども、何やっても、もうぜんぜんウケないのよ。お客さんの反応としても「つまんねえやつ入ってきたなぁ」ってなっちゃって。それで一人で抱え込んで2年くらい悩んでたのかなぁ、アイツ。

現場の雰囲気は悪くないんだ。つうか、オイラたち4人でやってることは同じだから。けど志村自身が良くなかった。完全に萎縮しちゃってたんだよなぁ。遠慮してるんだよ。長さんの言うとおりに「はい!はい!」って言ってやってるだけだから。それだと自分の良さがぜんぜん出てこないんだよ。やっぱり「後から入れてもらった」っていう負い目があるんだ。そういうのがずっと残ってたんだ。

けどオイラの前ではめちゃくちゃ面白いんだよ。実際志村がドリフに付き人として入ったのは、『全員集合』が始まるよりもぜんぜん前。アイツがまだ高校生の時分から、オイラがお袋と妹と三人暮らししてた家に居候させてたからなぁ。二人でふざけあってたら、平気でオイラの頭を叩いてツッコむんだよ。言ってもオイラの方が思いっきり先輩なんだぜ？　けど抜群だった。ツッコミはその時から長さんより上手かったよなぁ。そんなのも知ってたから、他にも候補はいたけどオイラがアイツを注さんの後釜に自信持って推したんだよ。センスもいいし、ネタの合わせ方も作り方もうちの雰囲気をよく理解してるから、ついてこれるしトントンやれる。だから志村を入れてくれって。

けど、いざ番組に出たらいつまで経ってもぜんぜんウケないもんだから、すっかり悩みこんでたんだ。ある日、見かねて番組終わりに「今日飲み行こうか？」って誘ったんだよ。なんだかオイラも思うところはあったから、もうお互い飲むだけ飲んでグデングデンになっちゃって。その時に志村に言ったんだよ。

「長さん、わかんない人だから、自分がやりたいことははっきり言わないと伝わんないぞ」って。長さんはやっぱり一番偉い人だし、下っ端の志村は何も言えなかったんだよ。でもそういう遠慮みたいなのが一番危険だから、それを取っ払っちゃって、いつもオイラに接してるような感じで行ってごらんと。それは周りの人間からけしかけても意味ないから。自分自身で行くしかないぞって。

それからだよね、志村が変わったのは。もう本当にガラッと変わった。ネタの考え方もそうだし、自分が考えてることを思い切って長さんにも伝えるようになって、自信を持ってやるようになったたんだ。それで新しいネタを提案するんだよ。それが「東村山音頭」。「こんなのどうですかね?」って。あんなの長さんに出したら「なんでこんなので笑えるんだ、お前」って、すぐ反対されると思ったよ。けど自分なりに衣装とかも一生懸命考えて必死に作ったんだ。それで長さんにも「やれるならやってごらん」ってOKもらって、番組で披露したら大当たり。一回アレだけドンッとウケちゃえば、もう誰もダメだとは言わないよな。そこからはもうヒット作もたくさん作って大人気、みんなご存じの通りだよ。人って心持ちひとつであんなに変わるんだなぁ。

志村との不仲説

新生ドリフのメンバーは、言ってもオイラ以外みんな年上だった。仲本は1個上だけど、ブーたんも10個上、長さんなんか11個上だったから、やっぱりオイラは7個下の志村の感覚の方が近かったし考え方も同じだったんだよ。本当、特に笑いに対する考え方は全く同じって言ってもいいくらいだな。『全員集合』に志村が入った当初こそなかなか芽が出なかったけど、開花してからはより一層オイラたちの波長は合っていった。もう、志村がやりたいことを長さんが少し反対してもオイラが「やらせてくれ」っつってやらせてもらって、どんどんネタができていったんだ。

オイラたちのネタの作り方は、本当に普段一緒にふざけあってた感じそのままだったんだよ。遊びのなかから生まれてくるというか。だから楽だよね、ごちゃごちゃ難しいこと言わなくてすむじゃない。そりゃたくさんできるよね、その時にずいぶん志村とオイラの二人でのコントを作ったよなぁ。

よく逸話として残ってる「最初はグー！」なんてじゃんけん決闘ができたのもこのときだし、「ヒゲダンス」もこの時だよなぁ。志村がこういう音楽でこういうリズムでやりたいって言ってきて。けど具体的に何をやるかはそんなに決めてなかったんだ。「いいじゃねえか」って具合で、グレープフルーツ投げて剣に刺そう、とか、もうほとんど本番のなかでお互いいろんなもの出して。思ってもないことやっちゃったり、アドリブ的なのを入れても志村も上手いことボケるし、オイラもツッコめるし。

ボケとツッコミも入れ替われるし。あの時、改めて志村入れて正解だったなぁって思ったよな。オイラ自身、めちゃくちゃ楽しんでたからなぁ。

でも勝手なこと言い出すやつっていつの時代でもいるんだよ。一時期「加藤はつまらなくなった」って言われたんだ。志村が入ってからは〝志村に食われてる〟みたいな。なんなら不仲説まで出てたんだぜ？ 挙句、その時に視聴者のなかで加トちゃん派、ケンちゃん派っていうのができて。オイラたちは「勝手に決めるんじゃねえ！」って思ってた。こっちは今までと変わらず仲良くやってるのに。コントのなかで、やっぱりボケてる方が笑いを取ってる感じにはなりやすいんだ。自然と志村がボケる量が増えるとそう見えてくる。けど別にどっちがどれくらいボケて、どれくらいツッコむかもどうでもよかったから。そこを変に意識しないで自然のままにやってるから、良いコントができてたんだと思うしな。どういう流れになっても、志村もオイラもお互いの意見に反対することはなかった。ずっと「それいいな」「これいいな」って笑いながら、褒め合いながら作ってたんだ。

加トケンの笑い

『全員集合』が終わることになる5～6年くらい前、長さんが「辞めたい」って言い出したんだよ。当然「なんでですか?」って話になったんだけど、「俺ももう歳だし、やれなくなってきた」って。けどオイラたちからしたらぜんぜんできてるんだよ。長さんはそんな体張ったことやってたわけでもないしなぁ。

「辞めてどうするんですか?」っつったら、「俺、ドリフの事務所作ってそこの社長になるから、お前たちのなかで誰かリーダー決めてやってくれ」って。そんな都合のいいことねえよなぁ。だからそれはダメだってなったんだけど、その時くらいから『全員集合』はどこかで辞めなきゃいけねえなって流れになったんだ。つっても、その時点でもう10年くらいは突っ走り続けてたからなぁ。

その頃だよ、プロデューサーから「もし『全員集合』が終わったら加藤と志村2人でやってくれねえか」って話がきたんだ。まぁありがたい話なんだけど、実際やるとなったらどうするかってなるよな?『全員集合』はドリフのメンバーだけで5人いるし、いろんなゲストも呼んで賑やかにやってたからそれが急に2人になるとどうしたもんかなぁって。けどせっかくだから今までやれなかったことやれねえかなって、志村やプロデューサーと長い間構想は練ってたんだ。そのなかで出てきたアイデアが、役者を本業としてる人を呼んで、ドラマ仕立てのコントをしたらおもしれえし新しいんじゃやねえかってなったんだ。それも名のある人たちを。

いよいよ『全員集合』が終わって、テレビでは3カ月くらい総集編とかを放送してもらってる間に本格的に制作に入ったんだよ。設定の基は『探偵物語』にしようってなって。毎回ストーリーのあるドラマ仕立てなんだけど、コント要素がたくさん詰まってるんだ。丹波哲郎さんとか梅宮辰夫さんとか、実際に一流の役者さんを呼んで、オイラたちがやりたいことを理解してもらって一緒にやってもらって。普通に演技してもらいつつ、オイラたちが横でボケるんだ。それが『加トちゃんケンちゃんごきげんテレビ』のメインコントになったんだな。これがいわゆる〝加トケン〟としての笑いの作り方になっていった感じだなぁ。

あの頃はバブル真っ只中だから、かける予算もすごくてよ。もう本当ハリウッド映画顔負けのカースタントとか、車が真っ二つになったり、ヘリコプターを使ったり、エキストラを数百人集めたり、爆破とかもそらもうめちゃくちゃ派手にやってたよ。それこそ本場ハリウッドの俳優を海外から呼んだりな。今じゃ考えらないような規模のこと、たくさんやらせてもらった。こっちの体力的にも相当大変だったんだけど、やっぱり新しいことに挑戦できることが嬉しかったよなぁ。あれを50手前くらいまでやれたのは本当に良かった。その年齢まで挑戦し続けられるってありがたいことだよなぁ。

人に笑われるような人間

いつまで経っても、一線から引っ込んで休んで楽して金儲けたいとはオイラ思わないんだよ。もちろん年取ってくると昔みたいなバカみたいな体力はなくなってくるけど、オイラはいつまでも表に立ってウケてたい。現役でいたいのよ。

人に笑ってもらうって、こんな気持ちいいことないんだよ。小さいときに散々言われたけどね、「人に笑われるような人間になるんじゃねえ」って。けどこうやって、笑われることを生業にして生きてんだ。笑ってもらわないと困るのよ。若い頃はハゲヅラ被って笑いを取ってたわけだろ？　それが年取って本当にハゲてきたら儲けもんなのよ。だからもっとハゲたいよな、ハゲヅラ被らなくてもハゲ親父ができるようになりたい。

〝笑わせる〟と〝笑われる〟は違うってよく言うし、〝笑われる〟ことを嫌う人もなかにはいるけど、〝笑われる〟ってその相手の人にとってすごい近しい存在なのよ。いい大人が子供に〝笑われる〟って、そんなに近い存在になれるってすごいことなんだぜ？　オイラはそういう人になりたかったわけ。誰にとっても近しい存在に。それは志村も同じだったと思う。まぁ簡単に言ったら『男はつらいよ』の寅さんだよなぁ。やっぱりああいう人になりたい。寅さんはどこに行っても寅さんじゃない？　どこ行っても加藤だし、どこ行っても志村だしっていうね。地方とか行くと「あ、加藤だ！」「志村だ！」って子供に指差されて笑われるのがすごい気持ちいいんだ。落語で言うと「八っつぁん、熊さん」だな。それくらいの存在になったら、もう何やっても「あの人がやることだからしょうがねえか」ってみんなが許してくれんの。そこまで到達したら、ネタなんか考えなくてもどうなっても笑ってもらえるんだ。若い頃、ネタを必死に絞り出して笑いを取るのに苦労してたとき、つくづく思ったよ。そういう存在になれたら最高だなぁ、普段からそういう人になりたいなぁって。寅さんを演じた渥美清さんだって、普段は寡黙で静かな人なんだよ。けどそれが寅さんの演技に入ったら笑っちゃうんだよね。さらにオイラが目指してるのは、キャラクターをやってなくても普段からも面白い存在なんだよな。もう何やっても笑っちゃうような、許してもらえるような人。そういう人って日本人ではなかなかいないんだよね。オイラはそういう人でいたいんだよ。

志村のこと

まさか志村が先に逝くなんて思わないよ。突然だったしな。オイラの7つも下だぜ？　これからアイツも一緒に年取っていって、オイラたち二人とも70代になったら、若い頃やってたじいさんのコントをそのままやろうぜって言ってたんだ。笑いとして狙ってボケてるんじゃなくて、絶対普通にボケてるし間が空くだろうから面白いよなー！　なんて話してたんだ。今だって、ブーたんにツッコんだらものすごい間が空くじゃない？　あの感じ。あれをそのままできたら絶対面白いんだよ。「やりたいよなぁ」「そうだなぁ」って言ってたんだ。そしたらあんなコロナなんてもんに罹って亡くなっちまうなんて。志村が生きてたら、まだまだいっぱいやりたいコントがあったんだよ。

オイラが何をやっても志村はわかってくれたんだ。いちいち説明しなくても拾ってくれる。それって大きいんだよ。だからボケやすいんだ。どんな状況のどんなボケにもツッコんでくれんだからな。あんなの他にいなかったよ。長さんでさえたまに伝わらなくて「バカヤロー、あのボケ方じゃツッコめないだろ」って怒られてたんだ。でも志村は違った。何やっても全部拾ってくれたから。『池田屋の決闘』あっただろ？　いわゆる歌舞伎の〝階段落ち〟のスタントマンのコント。あのボケの量は相当だぜ？　どんだけボケるんだってくらい手数が多い。だけど相手が志村だから、オイラも思い切りボケるだけボケれたんだ。あんなにツッコんでくれるやつ、後にも先にもいないよ。

やっぱりオイラのなかじゃ誰よりも天才だよな。よく言われてたんだ、オイラが天才型で志村は努力型だって。オイラはじっくり考えたものを出すより、本番で咄嗟にいろいろ出すのが好きなの。その方が多かった。だからそんなふうに言われてたんだけど、オイラからしたら志村の方が完全に天才型だよ。アイツはアドリブっぽく見えても、しっかり計算して筋立ててた。自分が考えた通りのコントを全部きっちり作って、その余白のなかでゲストを自由に泳がせる。余白以外がしっかり組み立てられてるから成立するんだよね。あんなの天才じゃなきゃできない。さらにあいつはボケもツッコミもできたから。なかなかそんなのいないよね。

だから訃報を聞いたときは信じられなかったよ。もうこの歳になったらいいことも悪いこともたくさん経験してきてるし、ちょっとやそっとじゃびくともしないよ？　だけど志村の訃報だけは受け入れられなかった。何日も何もできなくて、しばらく寝込んじまったもんな。まだまだ一緒にやりたいことたくさんあったのにな。本当に、志村のことは大好きだったよ。

どう生きるのか

長さんが亡くなったときは癌だったから、闘病期間もあったしみんな覚悟はしてたんだよ。年齢も年齢だしな。仲本の事故も、あれはあれで突然すぎて本当に驚いた。頭が真っ白になるってこういうことなんだなって思ったよ。やっぱりみんないい歳だし、そういうことが起きてもおかしくないとは思うんだ。だからこそ、自分の生き方も改めて考えるよな。オイラはなんで生かされてて、何をすべきなのかって。舞台でお客さんにたくさん笑ってもらって、袖に引っ込んで死ぬ。それが一番だと思ったよ。そうやってこれまでも生きてきたし、この生き方を変えることはできない。変えようとも思わないし、変えられるもんでもないだろうな。オイラの人生はそれだと思う。いかに最後までみんなに笑ってもらって、楽しんでもらえるか。だから今のまんまだ。

「お前うちに来ないか？」って桜井輝夫さんに誘われてドリフターズに入って、もうそこから人生は決まってたんだと思う。ミュージシャンから始めて、コントをやるグループになって。『全員集合』や『加トちゃんケンちゃんごきげんテレビ』が終わる時とか、誰かとの別れとか、節目はいくつもあったと思うけど、結局どういう環境になっても、好奇心を持って前向きに臨める自分でいられるかどうか。何かが終わるときは何かが始まるときだと思って、新しいことができると思っていつも楽しめてたんだよ。じゃあ今度はどうやってみんなに笑われよう？って。その根っこにあるのは〝何のため〟にどう生きるか、その信念が生きる原動力になるんだよ。

撮影：主婦と生活社

豪快なお金の話

『全員集合』から『加トちゃんケンちゃんごきげんテレビ』くらいまで、年齢で言ったら50手前くらいまで。本当に休みもほとんどなくずっと突っ走ってきてたから、そこからようやくちょっと遊んだりしたんだ。もちろんその辺の番組をやってる忙しいときだって、ずいぶん飲みに行ったりして遊んではいたんだけどな。じゃないとストレス溜まっちゃうから。

まだ『全員集合』とかやってた頃は、必ず年に2回、日劇と国際（※国際劇場）で正月の舞台公演があったの。もうそれに関しては、飲みたい盛りだったのもあって酔っ払ってやってたからね。けどそこはもう長さんも怒らないんだ。ちゃんとやることやってるし、お客さんにも酔っ払ってるのは伝わってたし、なんなら酔っ払ってた方がウケてたんだよな。それくらいの勢いでやってた。

ラスベガスもちょこちょこ行ってたし、日本だと銀座もよく飲みに行ってたよなぁ。今思うともったいねえなと思うけどなぁ。25～26歳くらいから銀座で飲み始めたんだよ、今の事務所の会長とよく行ってた。最初は3人ぐらいで飲んでるんだけど、どんどん人が増えてくるんだよ。「行くか？」なんて、オイラもみんなをよく誘っちゃうし。あるお店に入って「今日お前んとこ混んでるじゃねえか」って言ったら「これ全部、加藤さんが連れて来た人たちですよ？」って。もう把握しきれてないんだよ。で、大体オイラが全部払ってたんだよ。カード持ってなかったから、いつも現金で払ってたんだ。人から借りるのも嫌だから、飲みに行くってなったら大体500万ぐらいはいつも持って行ってたなぁ。それを30年くらいはやってたから、銀座で使った金はトータルうん億じゃきかないんじゃねえか？　10年前くらいの週刊文春だったかな？　銀座に遊びに来てる芸能人を数々見てきたけど、勝新太郎と加藤茶以降は、そんな豪快に遊ぶ人は見たことがないって書いてたんだ。芸能人のギャラを上げたのはうちって言われてるくらい稼いでたからな。時代だよな。にしても、もったいねえよなぁ。まぁ楽しかったからいいんだけど。

金の話でいうと、オイラだいぶもったいないことしてきたぜ？　一軒家を買ったりもしたんだけど、それ買ったときもひどい話で、一番高いときに買っちゃってたんだよ。売り出したときは1億くらいだった物件が、オイラが買ったときは高騰して3億とかになってたんだ。無駄なことしちゃってるよなぁ。ゴルフ場も何個も買ったんだ。3000万だ4000万だするのもほとんど潰れてパー。袖ケ浦にある9000万で買ったゴルフ場も、どんどん値段が下がっていったしな。そのときうちの社長、今の会長に「社長、袖ケ浦に友達多いんだろ？　だったら買ってくれよ」っつって、3500万で買ってもらえて何とかマシだったけど、それも結局今や100万くらいになってるから。それに関しては今でも会長に「バカヤロー！」ってドヤされてるよ。

逆もあって、世田谷の土地とか六本木のビルを購入しないか？って話も結構あったんだよ。40〜50年前に「六本木のTBSのそばに100坪のビルがあるから、それ加藤さん買わない？」って。「バカヤロー、買ったって誰が管理するんだよ」とか言って断ってたんだ。けど今考えたら、もしそれ買っ

てたら後々何十倍とかになってるんだよな。そしたらすげえ金持ちになってたよ。つくづくオイラそういう才能はなかった。金なんて自分が働けば何とかなると思ってたし、まさか年取って大病患って寝込むとかも思わなかったから。30年来の友達に騙されて、借金背負って一生懸命返してた時期もあるしな。

だから、60後半にもなってアヤ（※加藤綾菜）と出会った頃には、もうオイラすってんてんになってたんだよ。結婚式の費用だってきつくて、仲良いカンダさんって人が結婚式場やってるんだけど、そこ使わせてもらったくらいなんだから。本当、人と仕事には恵まれてたなぁって思うよ。アヤも金のことは一切何も言わなかったしな。

人造人間

その日は名古屋でロケだったんだ。撮影が終わって、ホテルで酒飲んで部屋に帰ったら妙に体が痛むんだよな。

「あれ、やべえな。盲腸かな？　けど盲腸切ってるしなぁ……」

なんて思いながら寝るんだけど、まぁずっと痛えんだよ。けどそんな時間から騒ぐのも面倒くせえから一晩中一人でのたうち回りながら、結局朝を迎えたんだ。新幹線に乗って都内まで戻ってきて、それでもあんまりにも痛えもんだからその足で病院に向かったんだよ。いつも通ってたクソ高え病院に。そしたら医者が言うんだ「食あたりじゃない？」って。一旦、点滴でも打っとこうってなって、点滴だけやって帰らされたんだよ。

病院から自宅に帰ってる最中だよ、どうしようもなく気持ち悪くなって近くのコンビニに停めてもらったんだ。トイレにかけこんでゲロでも吐いちまうかなと思ったら、出てきたのは全部血。それも、もうものすごい量の。洗面所がオイラの血で詰まっちゃうくらい。何かもうわけわかんなくなっちゃって、慌てて車に戻ってその場から逃げちゃったの。それこそ『加トちゃんケンちゃんごきげんテレビ』の『探偵物語』よろしく、運転手に「早く出せ、逃げろ！」なんて言って大慌て。

そっからうろ覚えなんだけど、それでも病院に行かず、その後たしか栃木のロケに行ったんだよ。

3日くらいあるロケだったんだけど、最終日の夜、42度くらいの熱が出たんだ。もう起き上がれねえんだよ。そのまま車に乗っかって、その時もかかりつけのクソ高え病院に連れて行かれたんだけど、その日は土曜で休みだったんだ。けどどうしてもおかしいから、連絡だけ入れてもらったら、翌日くらいかな「前に撮ったMRIを見たら異常があったから、月曜の朝イチで来てくれ」つって。騒ぐのが遅えよな。

で、行ったら大動脈解離だと。だからこれから入院だっつうんだけど「なんだそれは？ オイラ今日仕事あるから仕事終わってから入院するわ」って言ったら「そんな悠長なこと言ってる場合じゃない！」って。正直、そこからの記憶も意識もぜんぜんない。手術は10時間くらいやってたらしい。

大動脈解離って、発症してから2時間以内に入院しないと死ぬって言われてるらしいんだ。けどオイラは名古屋で発症して、栃木のロケまで行って結局1週間くらい引っ張っちゃったんだよ。医者も「奇跡だ」って言ってて。わかんねえもんだよなぁ。ステントって知ってる？ 金属のチューブみたいなやつなんだけど。それ以来、オイラの心臓には人工の大動脈としてステントが6本入ってるんだ。だからオイラ、人造人間なのよ。

運命の出会い

「オイラ、もしかしたらこの子と結婚するかもしれないいな」

アヤと初めて会ったときに、素直にそう思ったんだよ。図々しいジジイだよな、63歳のくせに22歳のギャルを口説こうってんだから。

その日、仕事の合間にちょっとした時間が空いたんだよ。それで運転手と一緒に「どっか入ろうか」ってなって。なるべく人がいないところがいいなって、事務所の近くをうろついてたら洒落た和食屋を見つけたんだ。入ってみてメニューを見てみたんだけど、オイラが食べたいのがないの。その頃までオイラ、寿司を食べれなかったんだけど、そこのメニューは大体魚系でさ。どれも食べられないから、メニューを閉じて「悪いんだけど、オイラ肉しか食えないからステーキ焼いてくんない？」って注文したんだ。そのときに大学生のバイトの子が対応してくれたんだ。それがアヤだった。見た目は派手なギャルなんだけど、すげえ日本的な女性なのよ。丁寧なヤツでさ。話してても普通に返してくれる。オイラが話して普通に返してくれる子って少ないのよ、やっぱり萎縮しちゃうというか。それにこっちが無理言ってんのに、嫌な顔ひとつせず一生懸命大将にかけあってくれて。それで出てきた肉も本当に美味かったんだ。「ここは無茶なお願いも聞いてくれるいいお店だなぁ」なんて思って、そっからよく通ったんだよ。なんかわかんねえんだけど、そのときに直感したんだよな、「この子と結婚するかも」って。だから、あの子にまた会いたいって気持ちも正直ちょっとあったから通ってたよな。

後からアヤに聞いたら、オイラが無茶な注文したもんだから裏ではてんやわんやだったらしいんだ。肉自体置いてないから、オイラにバレないようにアヤが裏口から出て急いで買いに走ったらしい。よく見たら、お店も寿司割烹だったしな。そんなとこで肉注文するなんて、ひでえヤツだよなぁ。

初デート

やっさんととんちゃん(※左とん平)とはよく一緒に朝まで麻雀やってたんだ。それが楽しくてなぁ。いっつも一緒だった。あの頃は年中三人で一緒にいたんだ。それである時、話したんだよ。

「実はオイラ、今気になってる子がいてなぁ」

「どんな子なんだよ?」

「割烹で働いてる22歳の子なんだ、ちょっといい感じなんだよ」

「バカヤロー、お前みてえなジジイを22歳の若い子が好きになるわけねえじゃねえか」

「いやでも本当にいい感じなんだよ?」

「じゃあ俺たちが行って話聞いてやるわ!」

って。先輩たちだしオイラも断れないよなぁ。それでその勢いのまま、アヤに連絡入れたんだ、「今度デートできないか」って。オイラたち三人がベストコンディションで会えるのは、麻雀が終わった明け方だから、最初のデートは朝5時に世田谷のロイヤルホストで待ち合わせ。

朝から集まって四人でご飯なんだけど、オイラが聞くより二人がいっぱい話すんだよ。どんどん質問するの。「普段、何やってんだ?」とか「親御さんは?」とか、家庭の事情とかオイラより細かく聞くんだよ。もう厳しいんだよ、面接だよ面接。「東京には何しに来たんだ?」とか。そもそも相手は大学生だっつうのに。特にやっさんはすごかった。誰よりもオイラに「お前は騙されてるんだから」って長い期間ずっと言ってたんだから。

そんな面接みたいなデートが週4くらい、半年は続いたかなぁ。でもなんだか二人も楽しくなってたんだよな。だんだんロイホだけじゃなく、麻雀してる雀荘にも呼んだり、みんなで映画館に映画観に行ったり。四人でのデートをたくさんしたなぁ。けど思ったよな。こっちが麻雀してても、アヤは5時間くらいひたすら待ってるんだよ。ギャルだったら、終わるまでどっか出て行っちゃったりしそうだろ？　だけどアイツはずっとそばにいてくれたんだ。そんなデートって言えないようなデートばっかりなのに、誘ったらほとんど来てくれた。アレだけ反対してた二人もだんだん何も言わなくなって。それでオイラもどんどん「やっぱりいい子だなぁ」って思うようになっていったんだ。

35年前から繋がっていた縁

68歳の誕生日の時、オイラの芸能活動50周年を記念したイベントを派手にどんちゃかやったんだ。都内のホテルを貸し切って、芸能仲間からスポーツ選手、政界の人まで含めて900人くらい集まったんじゃねえかな？　やっさんに司会やってもらって、とんちゃんとかも来て。長さんはもう亡くなってたんだけど、志村も仲本もブーたんも揃って、久しぶりに音楽コントもやって。楽しかったなぁ。あのときに「50年間の一番の思い出は離婚だ」なんて言ってたんだけど、実はあそこにアヤもアヤのお袋さんも親父さんも、弟さんからおばあちゃんまでみんな揃えて親族を14人も呼んでるんだよ。アヤはたぶん、そのときに初めてオイラのパフォーマンスというかショーを観たんじゃないかな。付き合って1年目くらいの頃だな。

結婚後、お袋さんといろいろ話してたときに知ったんだけど、アヤがまだお腹のなかにいる頃の母子手帳が見つかったんだ。そこに書いてあったんだってよ、「テレビで加トちゃんを観てたら、私が笑うのと一緒にお腹を蹴った」って。不思議なもんだよなぁ。何かそういう運命みたいなのはあったのかな、って思うよな。

けどオイラ、正直結婚しなくてもいいと思ってたんだ。だって老い先短いじゃねえか、先に逝くのが目に見えてるから。そうしたらアヤは若くして後家さんになっちゃうだろ？　それよりは、オイラが亡くなって別れた後に、誰か他の人と結婚できればいいなと思ってたから。幸せな人生を送ってほしかったから。そしたらアヤが言うんだ、「違う、私がちーたんを一生守る」って。アイツも決めたら折れないから、もうオイラが何を言っても、周りになんと言われても結婚を決めてたよな。でもオイラも本当に結婚して良かったなって思ってるよ。

70を目前にして初めての経験

正直、オイラがこんなに健康的になるとは思ってなかった。酒も浴びるほど呑んでたし、食生活だってアヤと結婚するまで肉しか食べなかった。米軍の基地でドラムやってた頃からずっと、ハンバーガーもコーラも大好きだったしなぁ。店屋物ばっかり。濃い味しか美味しさがわかんなかったのに、それが今や薄味の旨さもわかるもんなぁ。塩っけ強いと食べられないくらい。

嫁としてはいろいろ面倒くさかったと思うんだよ。病気を何回も罹って、医者からは塩分控えろとか言われて。世間からはあんなバッシングだろ？　オイラだって、食生活改善させられるのも最初は鬱陶しがったりしてたしなぁ。けどやっぱり、全部がオイラのためにやってくれてるってのが伝わるんだ。

結婚してから、それまで経験したことなかったこともずいぶん一緒にやったよな。コンビニもドン・キホーテも行ったことなかったから、連れて行ってもらったときはびっくりしたよ。あんなに遅い時間までやってて、なんでもあるだろ？　夢みたいだった。見たことないお菓子もたくさんあるから、山ほどカゴに入れてはアヤに怒られて棚に戻されてた。回転寿司も初めて行った。おもしれえよな。注文したらこっちの席まで自動で届けてくれて。あとなんだ、あの写真撮るやつ。プリクラ？　あれも無理やり行かされて、よしゃいいのに化粧の加工なんかするの。ほっぺたとか赤くなってて。アヤと出会ってから、初めて経験したことはずいぶんあったよ。

新しい家族

ある時、広島でショーがあったから、初めてアヤの実家のご両親に会いに行ったんだ。ただ、挨拶しようにもどう話せばいいかなぁーって行きの新幹線の道中ずっと考えてた。年齢だってオイラとご両親の方が近いんだから、呼び方だって悩むよなぁ。

そうこう悩みつつ、「初めまして」つって玄関開けたらもうご両親の対応がすごいのよ。深々と頭を下げちゃって。やめてくれっつってんのに。居間に通されるんだけど、オイラだけがでっかいソファにふんぞりかえってるみたいになっちゃって。親父さんとお袋さんは床に正座してるんだよ。こっちが恐縮するくらい丁寧に対応してくれて。初めて会ったときからみんなで大事にしてくれたよなぁ。

でもそっからお互い気を許すようになるのもあっという間だった。ご両親引き連れて、旅行もずいぶん行ってるんだよ。ハワイにも何回も行ってるし、沖縄にも結構行ってるなぁ。今じゃすっかり仲良くなっちゃって、最初の頃のようなかしこまった感じはお互いなくなってな、お袋さんもオイラにズバズバ言ってくれるし。それがまた心地いいんだ。

ご両親見てるとアヤがこんなふうに育ったのがよくわかるよな。特にやっぱりお袋さんがすごいんだよ。全くアヤと同じ。言いたいことをきちっと言う人。オイラにだって「ちーたん、それはいかんわ」ってはっきり言ってくれるからね。そういう人だからこっちも気をつかわなくてすむのよ。普段のオイラのままでいいから会ってて楽だし。アヤだって、最初はギャルみたいで見かけこそ派手だったけど、中身はマメで面倒見がいい。ごく普通の子だった。ハキハキなんでも言う。本当そっくりだよ。広島の人ってさ、「そうだよね?」って同意を求めるとき「ね?」じゃなくて「な?」って言うんだよ。その感じ、知らない人からするとびっくりするじゃん? 結構強い雰囲気出るからさ。だから周りのみんなも驚いてた、オイラにも「な?」なんて言うんだけど、それがまるで地元の若い衆に言うやつみたいな感じだから。オイラも、コントで下っ端やるときみたいに「はい!!」なんて返事しちゃいそうになってたもんな。

アヤと出会ってなかったら

　こんなのわざわざ言うのも小っ恥ずかしいけどな。アヤがいないとオイラとっくにおっ死んでたと思うんだ。ずっと不摂生な食生活だったし、銀座の飲み歩きだっていい歳までずっとやってた。死にそうになるくらいの大病も3回も患ってるしな。それが今じゃジムとかピラティスにも週1ぐらいで通ってるし、ご飯だってちょっと味が濃いとアヤと二人で「しょっぱいな」って言ってるからね。あんなに減塩も嫌だったのに、もうそっちの方が美味しく感じてくるんだよ。例えば昔の京都料理とかって味が薄いじゃない？　あんなのだってずっと「クソまずい」と思ってた。「何が京都料理だ、この野郎」って。けど今では美味いって思うからなぁ。アイツに出会う前のオイラじゃこんなの考えられなかったよな。人生後半に入ってから、また大きく変わったよね。60過ぎてからものすごい幸せになった。

　出会った頃は本当に派手でギャルみたいな見た目だったから、そりゃ世間にも誤解されるよな。オイラの周りのヤツらだってそうだったもんな。事務所の人間だって、やっさんだって、とんちゃんだってみーんな疑ってた。でもそれが、2年3年一緒にいて、仕事とか含めてみんなに会わせるようになるとだんだん様子が変わっていった。でも別にアヤの思いとか行動は最初から何にも変わってないんだよな。裏表もないし、飾りっけもない。それは伝わっていくよな。めちゃくちゃ素直で、まっすぐ。今じゃみんながアヤのこと可愛がってくれてるもんな。

元気じゃなきゃ仕事なんてできない、舞台にも立てない。人を笑わせるなんてとてもじゃないけどできないよな。この歳になってまだ自分がやりたいことができるなんて幸せだよ。アヤがいなけりゃ、大きな病気したときだって「もうこのまま死ぬのもオイラの人生かもな」なんて思ってたしな。アイツと出会えて運が良かったと思ってるよ。人の人生なんてなんだかんだ運に影響されちゃうんだよな。その福運を味方につけられるようにならなきゃいけないよな。こんな言い方するのもアレだけど、本当に導かれたんだと思うよ。

the drifters

chosuke ikariya
cha kato
boo takagi
koji nakamoto
ken shimura

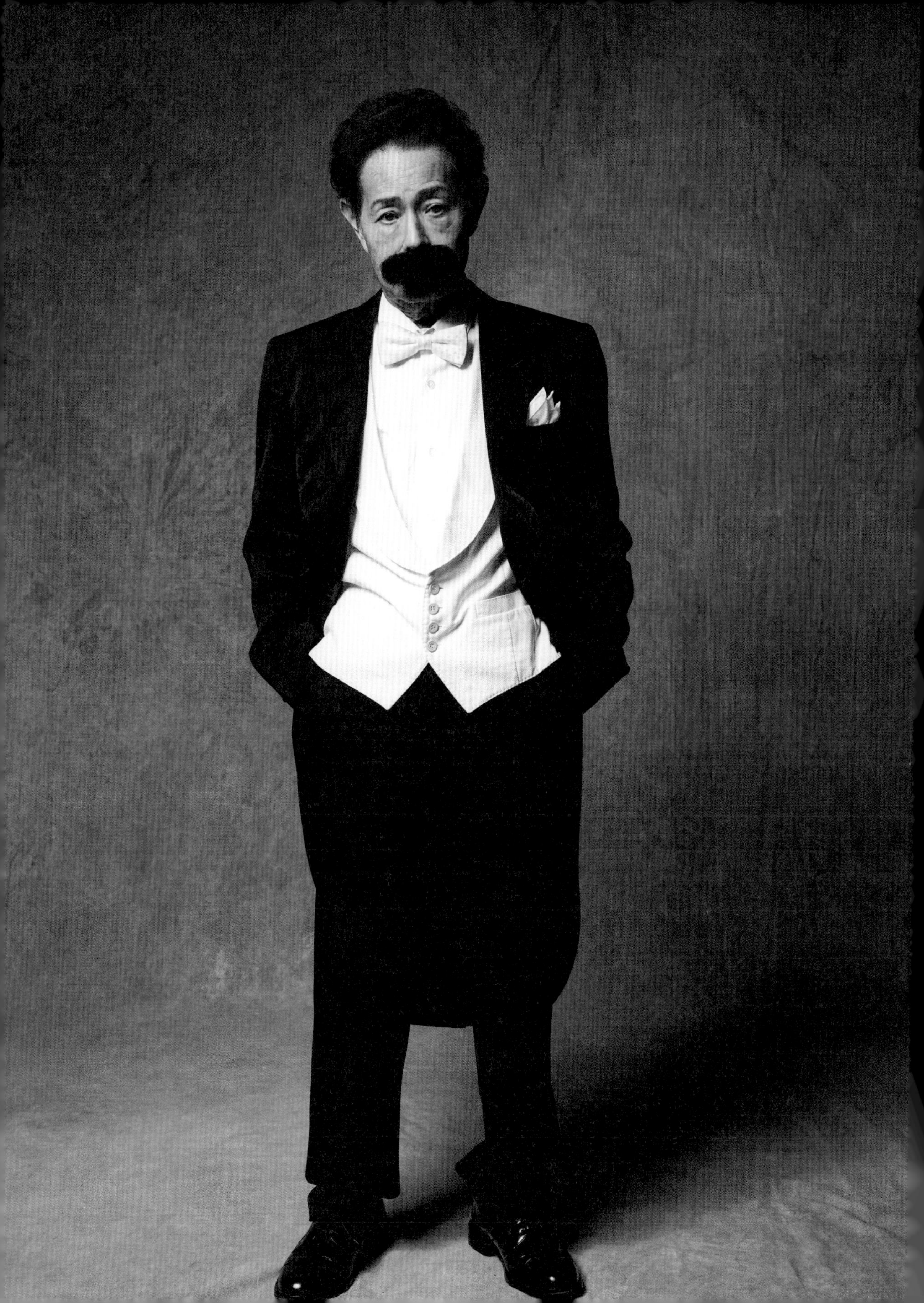

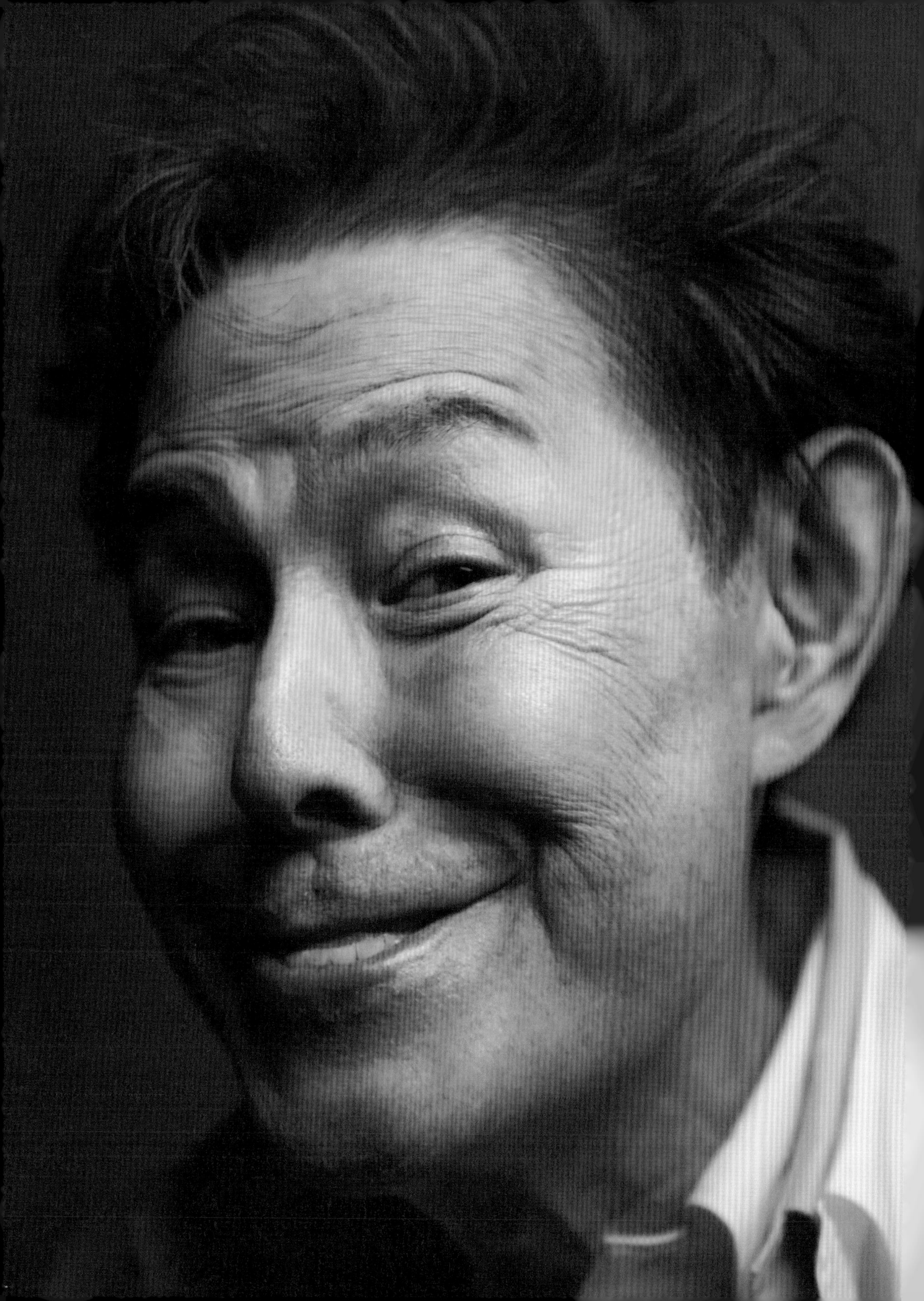

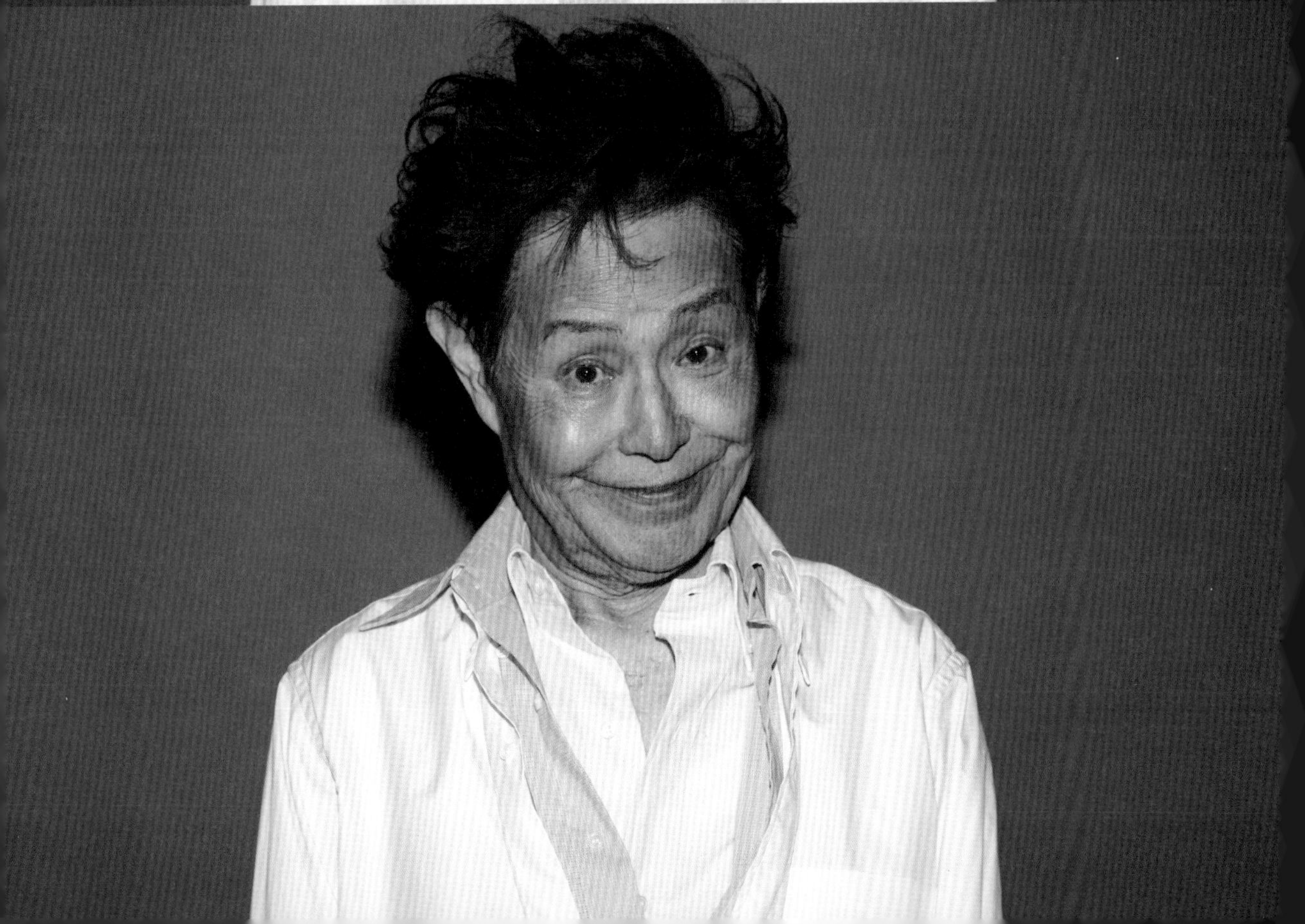

shirt and pants by NOBNAGA paris

knit by HENRIK VIBSKOV
pants by OMAR AFRIDI

Profoto

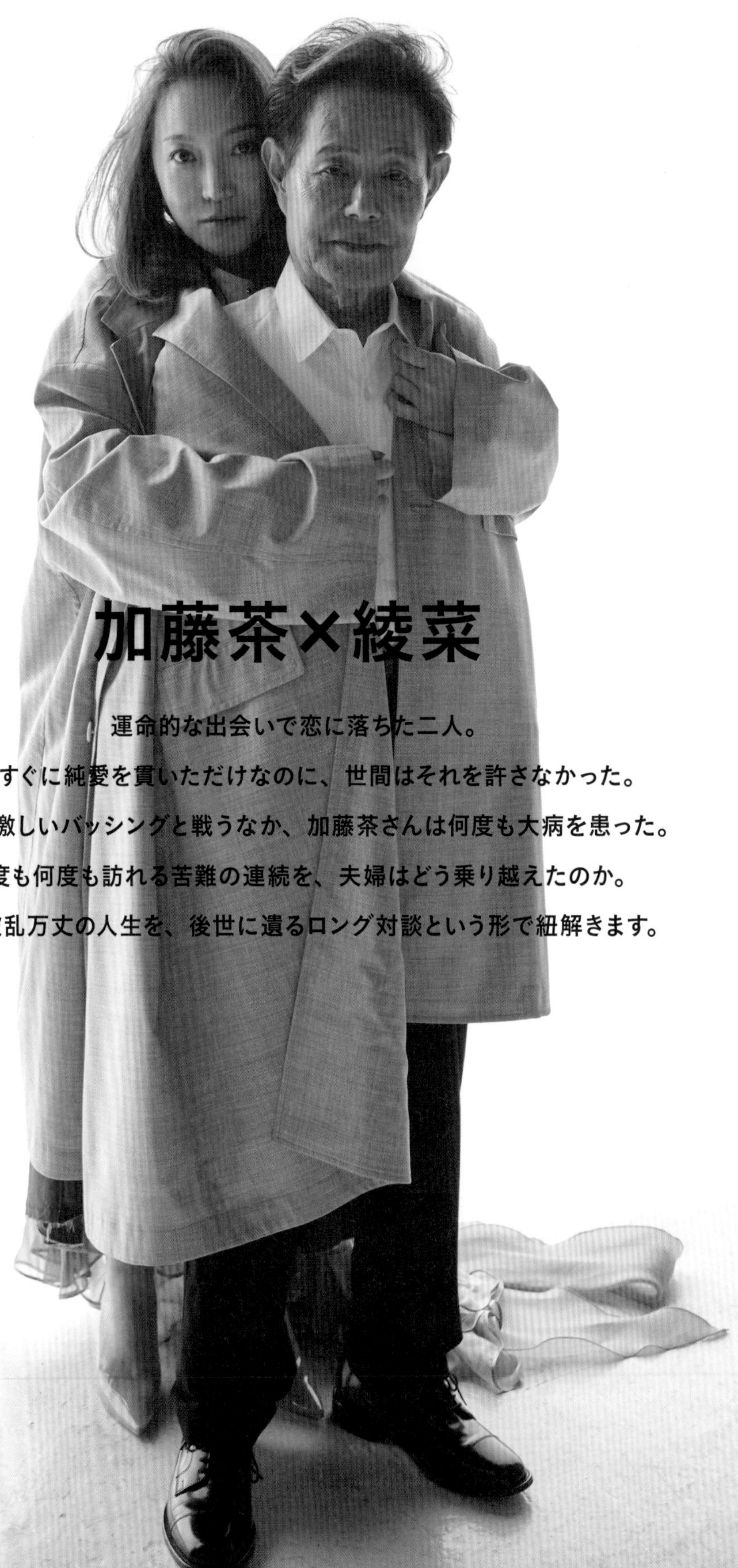

加藤茶×綾菜

運命的な出会いで恋に落ちた二人。
まっすぐに純愛を貫いただけなのに、世間はそれを許さなかった。
偏見や激しいバッシングと戦うなか、加藤茶さんは何度も大病を患った。
何度も何度も訪れる苦難の連続を、夫婦はどう乗り越えたのか。
その波乱万丈の人生を、後世に遺るロング対談という形で紐解きます。

all by STYLIST'S OWN

――出会いは2009年。当時、女子大生の綾菜さんが働いていた割烹の店員とお客さんという関係から始まります。

茶　もう14年も前のことなんだなぁ。

綾菜　初めてちーたんがお店に来たときのこと、結構いろんなテレビ番組で話しとるんやけど、ウチも発言がブレとるんよな。「元カノと来た」とか「マネージャーと来た」とか、記憶が曖昧になってきとるんやけど、本当はどうやったっけ?

茶　当時、運転手をしてくれてた山崎ってのと二人でお店に入ったんだよ。本当にふらっと。ちょうど仕事の合間か何かで時間が空いて「ちょっと昼飯でも食おうか」つって。なるべく人がいないところがいいなぁと思って探してたら、すごく洒落た店構えのいい店だったから入ったんだ。

綾菜　今のちーたんの事務所からも近いんよね。だけどもちろんウチもそんなことぜんぜん知らなくて。何も知らずに、すぐ傍で働いてたんよ。その頃、ウチは亜細亜短期大学の学生で、その寮に住んどったけえ、武蔵境から通っとったんよな。だから結構、遠かった。ちーたんが来てくれたのは、そこで働き始めてすぐの頃やったんよ。場所柄もあって、有名人もよく来るお店やったんやけど、ウチはいつもそういう人たちの邪魔をせんように、存在感を消しながら働いとった。だから、あんまりお客さんに優しくされた記憶もないんやけど、ちーたんは初めからすっごい優しかったんよ。コップを下げるときでも「ありがとう」ってすごい笑顔で言ってくれて。いちいちニコニコしてくれてたけえ、初めからめっちゃ好印象だったのは覚えてる。

茶　不思議なことに、オイラは初見でアヤには感じるものがあったんだよ。ただ接客してくれてるだけなんだけど、その態度を見て「あれ、もしかしたらこの子と結婚するかもな」とうっすら思ったんだよ。まぁまさか本当に結婚するとまでは思ってなかったけど。

綾菜　前半のエッセイでは、ちーたん目線で「肉料理のない店なのに美味しいステーキを出してくれた」って話しとったけど、あれ実際、裏ではてんやわんややったからな（笑）。ちーたんにバレないように裏口から出て、ミッドタウンのスーパーまで肉を買いに走って行ってた。絶対また来てほしいから、全力で対応したなぁ。

茶　そんなになってるの知らなかった（笑）。けどそれで、また行きたいと思ったんだよな。アヤに感じるものももちろんあったし、お店自体もすごく気に入ったんだ。それからは結構頻繁に通ってたよな。

綾菜　初め、ウチのバイト先にもう一人キレイな女の子がいたんよ。その子がめっちゃちーたんのこと狙っとって。すごい話しかけるんよ、「加藤さん、加藤さん」って。覚えてない?

茶　覚えてるよ。けどオイラ、あんまりグイグイこられるの好きじゃないから、正直ちょっと苦手だったんだよなぁ。

綾菜　めちゃくちゃ話しかけられとったよな? その子も「恋人見つけたい、年齢も関係ない」って言ってたから。けどちーたん、そのときも言ってたんよ。「俺、あんまりああやってわーわー喋ってグイグイくる子苦手なんだ」って。それを耳にしてから、ウチは意識してちーたんとあんまり喋らんようにしとった。本当はめっちゃ喋りたかったけど。それで一気に見た目の系統も変えたんよ、ギャルだったのに、黒髪にしてコンサバみたいな髪形にしてたよな？

茶　いや、それ知らない、覚えてない。

綾菜　小林麻央ちゃんみたいになりたくて、初デートの時に黒髪にして行ったら「綾菜ちゃん、小林麻央ちゃんに似てるね」って言ってくれたの！

茶　そんなの言った？

綾菜　言った！　ウチ覚えとるもん。

茶　麻央ちゃんに似てるって？

綾菜　小林麻央ちゃんに雰囲気すごい似てるねって。「言われたことないです」って答えたけど、うち完コピしとったけえ。「そらそうやろ」って思っとった。

茶　まぁ実際、オイラは落ち着いた女性が好きだったからなぁ。でもアヤはさっき言ったように、見た目がギャルなのに丁寧な接客だったから、「あれ、ぜんぜん見た目と違うな」と思ったの。

――初めての出会いから何度かお店に通うなかで、加藤茶さんからついに綾菜さんにアプローチをしました。

綾菜　ある日、電話番号を書いたコースターを渡されたんよな。すっごい嬉しくて、帰宅途中にもう電話したかったんやけど「一回冷静にならなあかん、移動中やとちゃんと話せんし帰ってからにしよう」って思って帰宅して。すごい勇気がいったんやけど、電話したらめっちゃ盛り上がって、いきなり1時間くらい話したんよな。

茶　オイラたち二人は意気投合するの早かったけど、それからデートするようになってからもやっさん（※小野ヤスシ）ととんちゃん（※左とん平）は結構長い間、疑ってたよな。

綾菜　だって結局、やっさんは亡くなる2カ月前くらいまであんまり賛成してなかったもんな。ウチらの結婚式の司会してくれたときに許してくれた感じだったよな。

茶　いや、本当はその前から許してくれてたよ？　結婚式の司会をやるって決まったときには、もう納得してくれてた。やっさんが癌になって、もういよいよヤバいって言われているときに「オイラ結婚式挙げるから」って言ったら「加藤の結婚式の司会は俺がやる！」って言って聞かなくて。もう立てないぐらいのひどい状態だったのに、それでも俺がやるって。

綾菜　司会やってくれた2カ月後に亡くなったからな。全部愛情だったんよな。

茶　けど本当にアヤも耐えたというか、オイラたちに文句言わず全部付き合ってくれてたよなぁ。いつも会うのは、それぞれの仕事が終わってからだから、決まって夜だったよな。

綾菜　夜っていうか、もう深夜よ。深夜1時頃。

茶　オイラもいろんな人に紹介したかったから、本当にほとんどついてきてもらった。麻雀もよくしてたんだけど、アヤは近くのソファに座って5時間とか平気で待ってた。普通のギャルだったら、終わるまでどっか出て行ったりしそうなのに。だからますます「見た目のイメージとぜんぜん違うな」って思ってた。映画とかも観に行ったよな。

綾菜 映画館も行ったけど、自分が観たいのは一回も見れんかった。全部、とんちゃんが選んだ白黒映画だったんよな。

茶 とんちゃんは戦争映画が好きだからよく観に行ったなぁ。けど朝まで麻雀してそのまま行ってるから、みんな映画始まってすぐ寝るんだよな。

綾菜 すっげぇ疲れとるなか行ってるから、始まってすぐ二人とも寝とった。しかもちーたんもとんちゃんもすっげえイビキかくんよ。そんなのに嫌とも言わず付き合って。でもまぁ、それも全部好きだったからよな。好きじゃないと、じいさんたちと一緒に映画なんか行きたくないよな。けど初めは辛かったけど、途中からだんだん楽しくなってきてたんよ。

茶 やっさんとかは、話してるだけでも面白いからなぁ。

綾菜 面白かったよな。

茶 よくみんなで笑ってた。

綾菜 やっさん、とんちゃん以外の友達にもたくさん会わせてもらったんやけど、普段大学生のウチからしたら絶対会えないような人ばっかりやったから。知識があって、素敵だなって思うおじさんたちいっぱいおった。そういう人たちの話を聞くのも面白かったんよね。それにしても、よく麻雀5時間とか待ったなとは自分でも思うけど。

茶 「腹減ったか?」って聞いたら「うん」って言うから、店屋物取って食わせて。

綾菜 「そば頼んでやる」ってな。あれは美味しかった。

茶 そういうのを見てて、オイラももちろんだけど、やっさんもとんちゃんも「こいつはいいヤツだ」って思ったんだよ。

綾菜 ウチ、昔から性格的に我慢強いんよ。小っちゃいときから、すごい言われとったけ。粘り強いって。その本領が発揮されたんよな。

――そんななか、二人でデートをしたこともあったとか。

茶 アヤが「一緒にカラオケに行きたい」って言うから、一回行ったんだよな。

綾菜 けどそれも想像してた感じとは違ったんよ。だって普通、カラオケに行くって言ったら一室押さえれば充分じゃろ。それなのにちーたんは、六本木の高そうなカラオケ店を全館貸し切ってたんじゃけえ。

茶 だってほら、あんまり人に見られるのも嫌じゃん。

綾菜 それにしたって、個室でいいけえ。もうやること全部が飛び抜けすぎてて、芸能人すぎてびっくりすることばっかりやった。もう「金かかるだけじゃけえ、やめた方がいいよ」ってずっと言っとった。その名残で、一緒に住むようになってからも「お金がもったいないことはせんでいい」ってめっちゃ言っとるもんな。

茶 そうそう、一緒に暮らすようになってからはすっげえ厳しくなったよな。けどこんなに金かからない女、初めてだったんだよ。みんな大体、一緒に豪遊してたから。

綾菜　ウチ、KUMON行っとったけ、めっちゃ計算速いんよ。なんでもすぐ計算して「高っ！」と思ったら、もったいない精神が出てくるんよな。

──お付き合いする決定的なタイミングは、加藤茶さんの67歳の誕生日でした。

綾菜　ちーたんの誕生日の前日だったと思う。その日もいつものようにみんなで麻雀してたんだけど、「明日、誕生日じゃん」みたいな会話してたのを聞いて「何かしたい！」って思ったんよ。けどウチ、携帯代とかデート用のワンピース代とかにバイト代を使っててぜんぜんお金がなくて。それでも「誕生日をお祝いしたい」と思ったから、会う約束だけなんとかとりつけて。その頃よくみんなで行ってたホテルオークラで、ささやかなケーキを出してもらってお祝いしたんよ。

茶　もう出会って1年以上経ってたから、実はオイラもタイミングを見計らってたんだよ。だから誕生日の日に二人きりになれるのはちょうどいいなと思って。

綾菜　はっきり覚えとるよ。ウチが「今お金がなくてプレゼントも何もないから、バイト代出たら買わせてください」って言ったら「いや、他に何もいらない。オイラは君が欲しい」って。

茶　いいムードだったんだけど、後ろからやっさんととんちゃんが出て来たんだよな。でっかいケーキと一緒に「おめでとう」って。オイラ、あの日はアヤと二人で会うつもりだったから言ってなかったのに、どっかで嗅ぎ付けてきてあの二人が出てきたんだよな。

綾菜　本当に謎なんよな。なんであの二人があそこで出て来たのか。ウチがポロッと言ったんかな？　めっちゃ嬉しかったけど、ウチが頼んだケーキよりも何倍もでかいフルーツ盛りを台車に載せて、ガラガラガラって現れたからびっくりした。

茶　このときにもう、二人も認めてくれたんだと思うよ。

──付き合ってから同棲、結婚までの道のりもいろいろあったと伺いました。

綾菜　付き合った頃、ウチは武蔵境の寮を出て、阿佐谷に住んでたんよね。そこからちーたんに会いに行ってた。けどちーたんはなかなか部屋にあげてくれんかったんよ。オートロックの前までは行けるんやけど、そこから敷地のなかには絶対入らせてくれん。めっちゃ警戒されとった。

茶　いや、警戒心というよりはまだ早いなと思ってたんだよ。

綾菜　半年くらいそういう日が続いて、その年の12月24日。「クリスマスイブだしオイラんち来るか？」って初めて部屋に誘ってくれて。家がめっちゃキレイでびっくりしたのを覚えとる。花とかも飾ってあって、大塚家具の一番高い家具揃えました！　みたいな重厚感のある家やった。めっちゃ広いキッチンなのにたぶん一回も使われてなくて、そこにカップ麺とかが積み重なってて。

茶　いや、一回も使ったことないっていうわけではないよ！　カップ麺を作ってたんだし。簡単には使ってた。

綾菜　それは使ってるうちに入らん。しかも、その重厚感がある家具をよく見てみたら、2センチぐらいホコリが積もっとんよ。それを見てウチはその日から掃除を始めたんよ。その流れで同棲も始まった。年末年始の時期じゃったから、ちーたんは正月番組とかで結構いない期間で。一人で一生懸命掃除しとったら、うちが書いたラブレターがいっぱい出てきたんよ。自分で見てもびっくりしたけど「あなたを想うと胸が痛い」みたいな内容やった。ドン引きやわ。

茶　意外とそういうとこあったもんな。

綾菜　同棲前、言ってもちーたん忙しくてなかなか会えんかったから、デートの帰りに手紙を渡しとったんよな。食生活も心配じゃったからお弁当を渡したりもしてたし。手作りのバレンタインチョコもプレゼントしてたんよ。「すごい美味しかったよ」って言ってくれてたのに、その掃除のときに冷蔵庫の奥でガッチガチに固まってる、一口も手をつけてないウチのチョコを発見したけえな。

茶　たぶん、他の人に貰ったチョコレート食べて美味しいと思ったんだ。

綾菜　袋も開けてなかったもんな！

――同棲が始まって、互いにそれまで見えなかった部分が見えたこともありましたか？

綾菜　同棲始めて1週間で、あまりの不摂生でウチが体調崩したんよ。ちーたんの生活リズムに合わせると、朝7時に寝て、昼過ぎに起きる生活だから。自律神経が乱れて耳鳴りとかし始めて。だからウチは今まで通りの生活リズムにして、ちーたんもちーたんでいつも通りでいようってなったんよな。

茶　オイラもドリフ時代からその生活だから、今さら変えられない。相変わらず飲みには行くし、麻雀は朝までやるし。付き合う連中もそういう連中だから、夜中でないと集まらないし。今さら普通の人と同じように夜寝て朝起きても、たぶん逆に調子が悪くなると思うからなぁ。

綾菜　生活リズムだけじゃなくて、ちょっとした感覚もズレはあって、ウチは超大雑把やけどちーたんは真逆ですっごい几帳面。掃除するにしても気にするところが違うんよな。けどそれがちょうど良かった。やっぱり付き合ってたときに比べると、同棲したら一気に価値観の差が出てくるよな。

茶　出るんだけど、お互いそれが不自由だと思わなかったよな。

綾菜　そう、それに細かい価値観の差みたいなんはあったけど、大事にしてた信念みたいな部分が同じだったから安心したんよ。

――そういった、根っこにある価値観が同じだとわかったことで結婚への意識も強まったのでしょうか？

茶　オイラは結婚しないで、このままの状態でいてもいいなとは思っていたんだよ。言っても45歳の差があるわけだから、どうしたってオイラの方が先に逝くじゃない？　だからそのことを考えていて、結婚で縛るんじゃゃなくて、オイラが亡くなった後でも誰かと付き合えればいいなと思っていたから。

綾菜　ウチはもうちーたんのことが好きになりすぎてた。だから、そんな先のことを想像しても、ある程度好きな人ができたとしても、心からこんなに好きになれる人は二度と出会わないと思ったんよ。これからどんどん年を取っていって、おじいちゃんになってヨボヨボになっても一緒にいたいと思った。だから「結婚しよう」ってウチから言ったんよな。ちーたんがボケても何しても、ウチ面倒みる覚悟あるけって。

茶　だから結婚の話になると、いつもオイラがアヤを説得するような形になってたよな。アヤのためにも結婚するべきじゃないって本気で思ってたから。結婚する頃は本当に金もなかったし。でかい病気をしたときに相当金も使ったし、仕事もかなり長い期間休んでたしな。

綾菜　昔は貯金もいっぱいあったのに、もう何回も病気しとるしいろんなことがあったけ、結婚する頃にはほとんどなくなってたんよな。けどウチにはそんなこと関係なかった。ちーたんと一緒だったら何も心配はなかったし、絶対幸せになるって確信してたんよ。

――綾菜さんのご両親も賛成していたんでしょうか？　一度、結婚前に二人で広島のご実家にも会いに行ってるんですよね？

茶　あれは広島でオイラのショーがあるからってことでついでに行っただけで、本当にたまたまなんだよね。顔合わせというよりは、むしろ結婚しない方向でご両親も理解してくれたんだと思ってたから。だからその時も、この先結婚するなんて話は当然してないし。

綾菜　ウチもその時は結婚に関してはどっちとも思ってなかったから、普通に会わせただけやったんよ。もっと言ったら、ウチはちーたんにかかわらず、もともと結婚願望があるタイプじゃなかったから。親が離婚を経験しとるけ、結婚は大変なものって思っとったから。でもちーたんと一緒におって、体調のこととか生活面とか気にしだしたら、心配でほっとけんくなったのもあって。ウチが全部ちゃんとしてあげたい！って思ってた感じもあった。母性強いよな。

茶　付き合った当初、アヤが塩コショウしか入ってないすごいシンプルなオムレツを作ってくれたんだけど、それが死んだお袋の味と同じだったんだよ。お袋は気風も良くてガラッパチで、料理だけじゃなくてそういうところもアヤとオイラのお袋は似てるなと思った。だから最初「もしかしたらお袋の生まれ変わりかな？」と思ったのよ。だからこんなふうに結婚してくれたのかなと思ってたの。

綾菜　いっとき、ウチもそれ勘違いしとった！　けどウチの親に相談したら「茶さんのお母さんはすごいがんばって福運たっぷりの人だったんだから、あんたみたいなのに生まれ変わるわけない！」って言われたわ。「もっと素敵な人に生まれてる」って。

茶　お袋は近所の若い人たちからすごい慕われてたんだよ。面倒見もいいし、地域のお母さんみたいな感じだった。オイラ、１歳違いのクラコって妹がいるんだけど、だんだんやっぱりお袋に似てくるの。そこと見比べても、アヤとも似てる。そそっかしくて、79歳にもなるのにヒール履いて転んだりして。

綾菜　クラコさんな！　ピンヒール履いて一日2キロ歩いとる、79

歳。すごいよな、いっつもキレイにしとるよな。

茶　「お前、もうヒール履くのやめろ」って言ったら「そうね」って言うんだけど、あれはたぶんまだ履いてるだろうなぁ。まぁとにかく、女が強い家系なんだようちは。オイラの理想の女性像は、本当は純和風のお淑やかな人が好きなんだけどな。

綾菜　ちーたんの前の彼女は、純和風なお淑やかなキレイな子じゃったよな。ウチも最初は猫被ってお淑やかぶってたけど、すぐに化けの皮が剥がれたんよな。

茶　剥がれたなぁ。

綾菜　けどちーたんが言ってくれたんよ。長年生きとって気づいたって。「女は顔じゃなくて、心だ」って。ぜんぜん嬉しくねえし！　って思ったけど。

茶　でもアヤは見かけはギャルなんだけど、普段は純日本風だからそこに惹かれたっていうのはあるよね。

綾菜　ウチは当時自分のことギャルじゃないって思っとったけど、20代の写真見返したらめっちゃギャルだったよな。あぶねえ、あぶねえ。

茶　だってあの頃、初めてプリクラ行ったんだよ。アヤに無理やり連れられて。

綾菜　プリクラ8回ぐらい撮ったし。

茶　よしゃいいのに、加工するじゃん？　男のくせに頬がピンクに染まって。なんだこのジジイは？　と思うじゃない。恥ずかしかったもんな。

綾菜　ウチも今あの頃に戻ったら、プリクラなんか撮らないわ。あれが流出して叩かれたけんさ。けどそのときは、ケータイの裏にプリクラを貼って喜んどったんよな。デートが楽しくてしかたなかったんよ。同棲し始めても、ずっと運転手さんがおるけん、なかなか二人っきりでデートができない、いつも三人。だからプリクラ撮るときも、その運転手さんがずっと外におるしさ。でも二人で何かできるっていうことが嬉しくて嬉しくて、それでプリクラ撮って集めたりとかしてたんよ。痛いことやってたよな、ウチもな。

茶　やってたよな。

綾菜　恥ずかしいよな。

茶　言っとくけどオイラの方がもっと痛いからな！　いい年してプリクラとか。

綾菜　でもああいう痛い過去があるけ、今10年経って普通にしとるだけでいい人だって言われるんよ。イメージが逆転するんだわ。渋谷でクレープ食べたりとかさ。あと１０９も一緒に行ったよな。

茶　付き合わされた。

綾菜　変装して行ったのに、すぐバレてさ。

茶　変装なんか意味ねえよ。すぐ「あ、加トちゃん」っていうのが聞こえて、やっべえと思って。

綾菜　そこで洋服も見れずにそのまま帰ったよな。それこそ、あれも行ったことなかったじゃん？　ＭＥＧＡドンキ。付き合って初めてドンキ行ったよな。コンビニも初めて行ったし、うちと知り合って世界広がったよな。

茶　全部初めてだったから。物がいっぱいあるじゃない？　しかもものすごい安いじゃない。オイラたちは終戦後の日本で思春期を過ごしてるから、何か買いに行っても物がいっぱいある状況ってなかったのよ。だからあんなにいろんな物が並んでる環境は、それだけでテンションが上がるんだよ。それで意気揚々とカゴにいろいろ入れてたら、アヤが全部返しに行きやがって。

綾菜　それでも許してた方よ。そのときちーたんがオープンカーみたいなやつ乗っとって、後ろの座席にドンキで買ったものてんこ盛りに載せて帰ったりしよったよな。

茶　うん。オイラ嬉しくて。とにかく楽しかった。

――今思い返すと、付き合ってから結婚当初の頃は普通のカップルと同じような些細な楽しいこともたくさんあったけど、それも長くは続かなかったってことですよね。

綾菜　そんな調子乗った日々は続かず。

茶　結婚して一カ月後くらいだよな。九州で福岡ソフトバンクホークスの始球式に出たんだけど、アヤも一緒に行ってたんだよ。それで羽田空港に帰って来たら、報道陣がいっぱいいたから「なんだこれ？」と思ってたら、空港の職員が来て「加藤さん、こっちです！」って、連れて行くのよ。

綾菜　ウチもそのとき隣にいたんだけど、世の中にウチが奥さんってバレてないけ。ちーたんだけが連れて行かれた。

茶　で、「何、何？」って言ったら、「あれ、加藤さんのこと待ってますから！」って言って、オイラだけ連れて行かれて。「いやいや、彼女がいるから」つってるのに、オイラだけ車乗せられて行っちゃったんだよな。

綾菜　ウチは、ちーたんが両脇抱えられて連行されて行ったんを見とった。

茶　だからオイラも、悪いことして連行されている気分だよな。

綾菜　それで、ウチはウチでちーたんの運転手さんに電話したら「綾菜さん、こっち側から出口に回ったら車いるのでそこに乗ってください！　加藤さん、多分掴まってるから」って言われて。で、車に乗ったら後部座席のトランクとか入れるところに隠されたんよ。そしたら、ちーたんが何百人の報道陣の人に囲まれて出てきてさ。「結婚されたんですか？」ってめっちゃ聞かれてて。もう本当、何かの犯人みたいやったよね。その日に報道が出たんだけど、その夜7時にはウチの広島の実家の周りとおばあちゃん家に報道陣がめっちゃ集まっとったんよ。すごくない？

茶　早いよ。

綾菜　お母さんも家から一歩も出られないし、ばあちゃんも出られないし。本当に大変やった。その後「結婚した相手は誰だ！」って記者が探し回ってたんやけど、よくわからん女性が「私です」ってメディアに出てきたんよ。そしたら本当にその人がアヤだと思われ始めて。その時、他にも何人か自称・加藤綾菜のグラビアアイドルが出てきたんよな。もうそれで埒が明かないってことで、ちーたんの事務所がちゃんとアヤの写真を出すってなって。「公表する用の写真ちょうだい」って頼んできたんやけど、ウチはまたバカだから普通の写真出せばいいのにプリクラで一番盛れとる写真をハサミで切って渡したんよ。そしたら世の中から「なんだこの女、信用できねえ」って大バッシング。あることないこと好き勝手書かれたよな。ウチぜんぜん、北川景子さんと友達じゃないのに、北川景子の親友って書かれたからな。お母さんが水商売やってて、お父さんが漁師でお金に困って娘を売ったとか。家族が反社だとか。普通に考えて、そんなわけないのにな。あと、ウチに結婚詐欺で騙されたっていう自称元カレも出てきたな。元カレ？と思って見たけどぜんぜん違うんよ。どう見ても、あんなしゃくれてはなかった。そういう人が週刊誌に偽情報を売ったりしてた。ネットも大して普及してなかったから、今じゃ考えられんぐらいウソばっかり。2ちゃんねるの情報が本当だと思って週刊誌に出るような時代。今だったら、そんなの簡単にバレるんじゃろうけど。

――世間の風当たりは想像を絶するものだったと思います。嫌がらせも多かったとか。

茶　アヤが作ってくれたトンカツをオイラのブログに上げたら「食事が茶色い油物ばっかり、殺そうとしてる！」とかな。オイラもまだ好きなものだけ食べてる頃だったし。

綾菜　まぁ実際茶色やったんやけどな。その頃、一番嫌やったのが、ちーたんと一緒に新居探してる時にウチだけ大家さんに面接されることがあった。大家さんが週刊誌とかネットに書いてある記事を信じてて、ウチを反社だと思ってて「ちゃんと話したい」とか言って。で、話してみたら「反社じゃなさそうね」ってＯＫもらえたけど。引っ越しも5回ぐらいしたもんな。

茶　当時2ちゃんねるっていうのが流行ってて、そこで相当なデタラメを書かれてたんだよな。覚えてるよ、オイラ寝てるんだけど指が痛くて起きるんだよ。オイラの携帯、ガラケーで指紋認証だったんだけどアヤが寝てるオイラの指を持って一生懸命、携帯開いて2ちゃんねるを見ようとしてるんだよ。

綾菜　違う違う、ちーたんのブログに悪口がくるんよ！　だからちーたんが見る前に消そうと思って。そしたら指紋認証じゃけんさ。ちーたんが寝とる時に親指を引っ張ってきて動かすんよ。

茶　痛えんだよ、すっげえそれが。気をつかってくれりゃいいのに、ぜんぜん気ぃつかわないから。

綾菜　指紋が薄くなっとるけ、何回もやらんと反応せんのよ。

茶　薄くねえよ！

綾菜　ブログに悪口、ファックスで悪口、2ちゃんねるで悪口。1日200件以上きてたから1回溜めてみたら、2年間で10万件くらいになっとった。実家にも被害があったし、ウチの友達のネイルサロンにも、仕事にならないくらい朝から晩までファックスでクレームがくるようになって、みんなからも「さすがに警察に行った方がいいよ」って言われて。それまで無視し続けてたけど、周りに迷惑かけるのは辛いと思って、2年くらい経って初めて警察に行ったんよ。

茶　「こんなデタラメを書いてるから捕まえてくれ」って。2012〜2014年とかだから、当時はまだそういうことが社会問題とまではなってなかったから、結構難しかったと思うのよ。けど警察の担当の人が「難しいけど、やってみます」って言って見つけてくれたんだよな。そしたら犯人はわりと近くに住んでるおばさんだったんだ。

綾菜　書き込みのなかでも特にひどいこと、「殺す」とかそういうことを書いてた10人くらいが特定されたんじゃけど、ほぼ全員女性。ほとんどが公務員とかお堅い仕事をしてる人。

茶　妬みだろうね。

綾菜　なかでも、ウチの友達のネイルサロンに嫌がらせしてた人は、会ったことはないくらいの距離だけど近所っちゃ近所の人で。面識のない40代の女性、学校の先生じゃった。ウチも警察に呼び出されて「警告だけにするか、被害届を出すかどっちにしますか?」って言われて。さすがに被害届を出したらかわいそうだなと思って「警告だけにしてください」って言ったら、その警察の担当の人が目の前で電話してくれたの。そしたら電話口の相手はめっちゃ怯えとって。学校の先生じゃん、向こうも。「そんなつもりはないんです、許してください」って。じゃけえ、じゃあ許しますって言って終わったんじゃけど。

茶　許してくださいって言うならやるなよな。あのときはそういう規制もぜんぜんなかったからな。

綾菜　ウチはたまたま強かったけど、その人の心のバランスで、例えー00件の悪口でも死にたくなる人もおると思うからね。やっぱいけんよね。

茶　アヤはすげえよ。25〜26歳のときは相当耐えてたろ。自分の自転車がボコボコにされて、木に吊るされてたこともあるもんな。自転車を木の上にかけるっていうのは、相当なもんだよ。セキュリティもしっかりしてて、高い門もあるマンションのなかなのにどうやって入ったんだって。

綾菜　その日、めっちゃ覚えとるんやけど、スーパーに行こうと思ってマンションの下まで降りたらウチの自転車が吊るされとったんよ。ボコボコにされとるし、ペンキとかスプレーもかけられてるしひどい有り様やった。けど、ちーたんはいなかったんやけど、弟が遊びに来とったから弟に自転車下ろしてもらって。買い物行きたかったから、サドルだけ雑巾で拭いて、そのままチャリで出かけたもんな。

茶　それはつえーよ。

綾菜　そのときセキュリティもついとったけんさ、防犯カメラ見たら、男か女かわからない黒いフードで変装した人が、ウチの自転車をバットでボッコボコに殴とったもんな。その事件があってから、結構芸能人が住んでたマンションなのにみんな出て行ったもんな。3組は出た。ウチらは出なかったけど。

茶　ちょうどね、いい感じに見つからないような、わりと住みやすいところだったんだよな。けど、それをきっかけにバレちゃったから。

綾菜　まぁウチらも最終的にはそこから引っ越したけどな。結局そ

居酒屋
あづま横丁
感謝の気持ちで

ういうので4~5回は引っ越しとる。

――結局、そういう誹謗中傷など、辛い時期を乗り越えられたきっかけや理由は何だと思いますか?

茶　オイラから見たら、アヤのお袋さんの意見がでかかったと思うね。何かあるごとに相談してるのを見てたんだけど、お袋さんもたくましい人だから。支え合ってるなぁとは思ってたよ。

綾菜　それは大きかったと思うな。けどいいアドバイスをもらったとしても、落ちたり上がったりの繰り返しだったよ、あのときは。本当に、まずは自分自身が強くならんと、臆病だったら潰されると思ったよな。ウチも初めから強かったわけじゃなくて、強くなったんよ。ウチたぶん、もともとすごい弱かったはずなのよ。それこそよく思い出すことがあって。親にも頼っとるんやけど親は広島じゃけえなかなか会えん、近所にいる人に相談したいと思って、もう辛すぎて限界のときに芸能界の大先輩に連絡したんよ。そしたら生放送中だったのに、休憩中にうちまで駆けつけてくれて。会った瞬間に手を握られて、抱きしめられて、「人がどう思うかじゃなくて、綾菜ちゃんはどう生きたいの?」って言われて。たしかにウチは、そういう日々が続いて苦しすぎて〝日本中から嫌われている〟っていう被害者意識が強くなりすぎて、自分が〝どう生きたいか〟はぜんぜん考えてなかったなって。だからまずは強くならんと、強くなりたいと思った、本当に。25歳ぐらいのときに心から思った。そっから全てのことにがんばろうと思ったんよ。

茶　いろんな仲間が気にかけてくれてたよな。

綾菜　ウチが辛くていっぱいいっぱいで泣くこともできなかった頃に、仲間が何も言わずに泣きながら抱きしめてくれたんよね。それでウチもやっと涙が出たんよ。ウチにはすごく尊敬してる方がいるんやけど、その方ももっとずっと叩かれてた人なんよね。その100分の1にも達してない苦しみで、負けるわけにはいかんって思えたんよ。〝自分を変えたい〟って強く思ったのもそのときよな。環境を変えたいと思っても環境は変わらん。ちょうど結婚して3年目くらいの頃やな。この3年叩かれ続けて、みんなに嫌われてる状況が続いて。環境は望んだところで何も変わらんのやなって。じゃあ自分が変わるしかないって。自分が変われば環境も変わるんやって。そんなときに、中学生の頃すごいいじめられとったんを思い出したんよ。同じクラスの子と上手いことといかんくて、結果的にいじめられ始めて。最初は無視から始まって、一緒にご飯食べる人がおらんくなって。教室におったら気まずすぎるけ、多目的トイレでいつもご飯食べよった。そしたら、いじめっ子が一つ一つトイレのドアを開けて、ウチを探しに来るんよ。6~7人くらいのグループの子じゃったんやけど。息を潜めて隠れてても、結局バレて、ホースで上から水をかけられて。弁当もグチャグチャやった。その後も、食堂の端っことか体育館裏とかで身を潜めてても、熱いカップラーメンを頭の上にかけられて火傷したり。やっぱりああいうのはどんどんエスカレートするけ、学校の最寄りの駅のホームで突き落とされて電車に轢かれそうにもなったんよ。それでいよいよ「いじめられとるんじゃないか?」って学校で問題になって、親が初めてその状況を知るんよ。その時はママ、ひとりで朝から晩まで働いとるけん、ウチもいじめられてることをよう言えんかったんやけど、そのとき初めて言ったんよね。それからママと「一緒に乗り越えよう」って話して。それからウチ、学校一日も休まんかった。毎日ママからの励ましの手紙が弁当に挟まってたし、思春期とか青春時代の指針になるような本とかいろんな本を貰って読んでた。片道2時間以上あるけんさ、本を読む時間はいっぱいあったんよね。体に文字が写るんじゃないか、くらい読んだ。それが自分のなかで軸になったんよ。そしたら、自分をいじめとる人のことを殺してやりたいくらい恨んでたのに、だんだん考えも変わってきたんよ。いじめてきてる相手も、何か悩みがあって苦しんでるんじゃないか?って。だったら、まずは自分が強くなって、何があっても明るく元気よくみんなにあいさつしようと思って。その日から、めっちゃ手は震えてたけど、誰よりも一番大きい声であいさつするようになったんよ。それを半年続けたら、一人の子が「おはよう」って言ってくれるようになって。それにめっちゃ感動したんよ。その頃読んでた本に書いてあったのは〝環境を変えるんじゃなく、自分が変われば全てが変わる〟ってことやったんよね。自分を卑下しちゃいけんってことも書いてあった。それまで自分のことを卑下しまくっとったけど、自分ってすごい尊い人間なんだと思うようになって、辛い中学生時代も乗り越えたんよね。そのことが大人になって、また思い起こされたんよ。「あのときと一緒だ!」って。規模は違うけどこれも絶対乗り越えられるし、この経験にはすごい深い意味があるんだと思って、がんばれたっていうのはあるよな。

茶 お袋さんの教育の賜物でもあるよな、オイラはそう思う。お袋さんもすごいよ。

綾菜 ママも強い人なんよ。

茶 だからアヤもオイラの育ち方と同じなんだよ。うちもお袋が女手一つで、オイラと妹を育てあげたから。同じ苦労してんだなって思ったよな。実際、アヤのお袋さんにはうちのお袋と似たものを感じるもん。だから今オイラ、アヤのお袋さんにすごい懐いてるもんな。オイラの方が年上なのに。お袋さんも「ちーたん、ちーたん」って可愛がってくれるから。けど本当思う。あのお袋さんがいたから、我慢してこれたんだなって。影響すごい受けてるよ。

綾菜 根っこにママから学んだこととかが残っとったんやけど、でも忘れるんよな。大人になって、大学生になって、チャラついて。ウェーイ! みたいな感じになってきて忘れてたのを、また軌道修正されたんやなって思ったわ。だからあのとき叩かれて良かったと思っとる。あんな社会経験の少ない女の子が、いきなり加トちゃんの奥さんになったら絶対道外すけ。あんだけ叩かれんと気づけないぐらいのレベルの女だったんやなって今になって思う。痛みとか苦しみとか、人はこう言われたら辛いんやな、とかそういうことがわかった。いろんなことを学べたもんな。だからあの、嫌がらせしてきた近所の学校の先生にも感謝なんよ。

茶 オイラはあえて静観してたんだよね。いつも通りにしてた。言っ

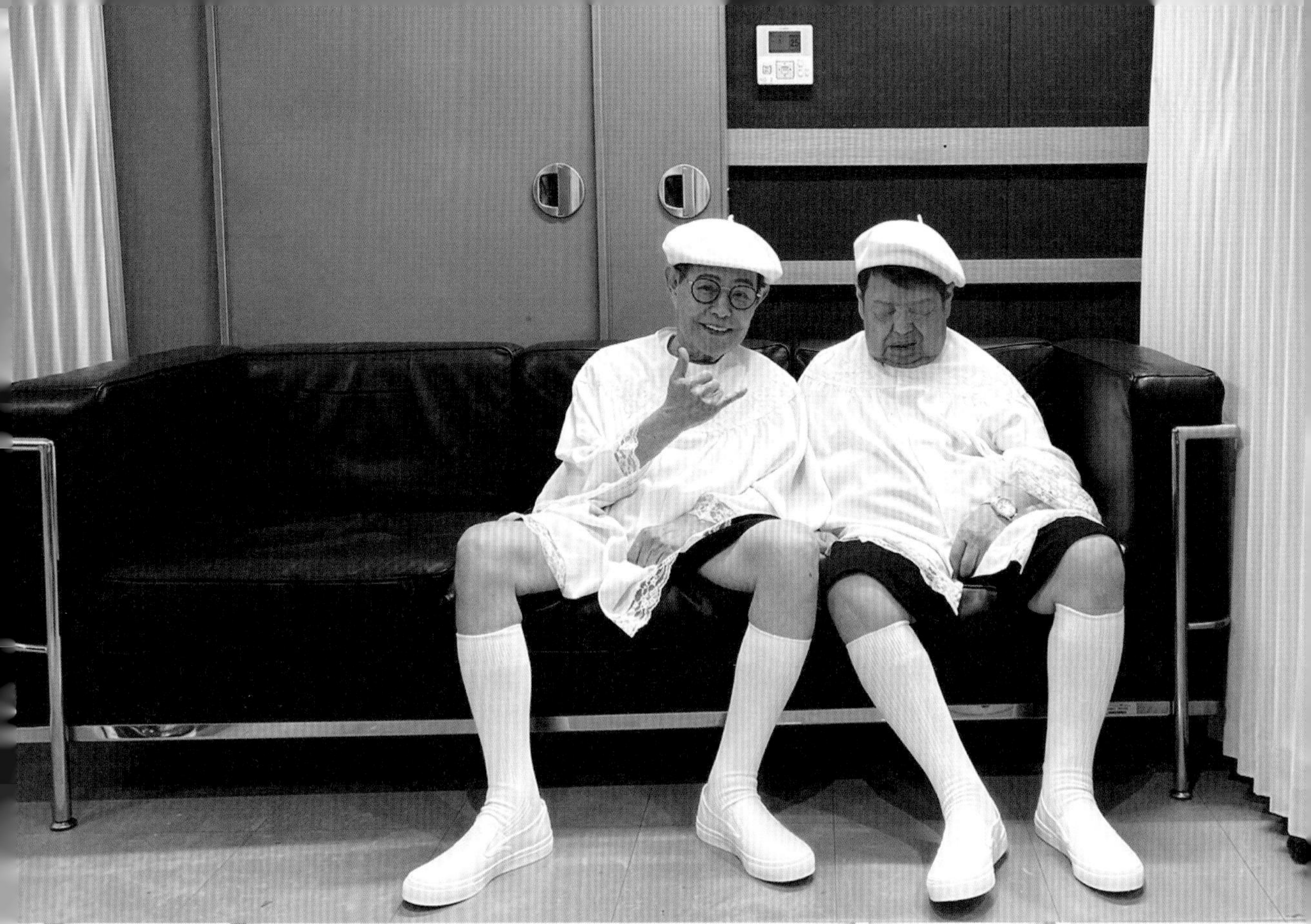

てもこれたぶん、オイラの意見は聞かないだろうと思ってたし。お袋さんの言うことはしっかり聞いてたから、なおさらオイラは黙ってた方がいいと思って、何も言えなかった。かえってそれが良かったんだと思う。オイラが言ってもケンカになるだけだから。

綾菜　やっぱりちーたんは強いから。

茶　いや、強くはねえよ。

綾菜　でもいつも凛としとったよ。

――バッシングの日々が続くなか、茶さんが71歳の頃、結婚3年目でパーキンソン症候群を患いました。

綾菜　バッシングの日々もきつかったけど、ウチからしたらちーたんの病気の方がきつかった。

茶　バッシングが少し落ち着いた頃だよな。

綾菜　ウチが26歳の時だ。すごい人生歩んどるな。次から次へと試練って来るもんだなと思ったよな。

茶　アヤに言われて、オイラ病院行ったんだよな。

綾菜　明らかに様子がおかしかったもん。

茶　オイラは「行かなくていい、大丈夫だ」つって。自分で本当に大丈夫だと思ってたんだよな。けど大丈夫じゃなかった。ちょうど鶴瓶（※笑福亭鶴瓶）との番組を収録した後だよな。収録の記憶もあんまりないんだよ。ロケが終わって帰ってきたら40度くらい熱が出て。めっちゃ痙攣もし始めて。

綾菜　その前くらいから、ちょっと手が震えたりもしとったんよ。だから気になって、ちーたんがずっと通ってた会員制の病院に何回も電話しよったんやけど、そこの先生は「奥さん気にしすぎなんですよ。しつこいです」って言われて診てもらえんかったの。それから一カ月後くらいの話やけね。あれは根に持っとる。

茶　オイラも普通に年齢によるものだと思ってたから。

綾菜　けど、その日の震えは異常やった。これはさすがにおかしいと思って、弟と一緒にちーたんをおんぶして担いで大学病院の女子医大かなんかに行ったんよ。そしたらそのまま入院。検査してもらったら、普段通ってる病院から渡されて飲んでる薬がぜんぜん違うって。他の人のが交ざってんじゃないか？　ってぐらい違う薬が入ってたみたいなんよ。じゃけん、ウチ、通ってた病院の先生にめっちゃキレたもん。「ふざけんな！」つって。簡単に言ったら医療ミスだったんよな、そこで出されとった薬がぜんぜん違うものやった。

茶　63歳の時に大動脈解離をやって以来、日常的に毎日20錠ぐらい薬を飲んでたのよ、何年もずっと。そのうちのたった1個が合わなくて。しかもそれが強すぎて。長いこと飲んでるうちにそんなことになっちゃってた。

綾菜　だから、新しい先生はびっくりしとったからね。こんな薬飲んでるのおかしい！　ってはっきり言ってくれたから良かった。その薬が体から抜けるのに、とりあえず一カ月ぐらいかかったよな。

――パーキンソン症候群を克服して、さらにその数年後にも腎臓疾患で自宅で突然吐血されてるんですよね。

茶　そう。

綾菜　事件現場並みに血吐いとったけ、もうダメかと思ったよな。朝、血の臭いがして、生臭いなと思ったんよ。それでちーたんの方見たら倒れてて、ものすんごい量の吐血しとった。

茶　ベッド一面、血だらけで。

綾菜　しかも買って2日目の50万ぐらいのベッド！

茶　そこまでになる前にオイラー回、別の病院に行って点滴した帰り道で吐いてんだよ。その次の日の朝の出来事だな。

綾菜　ウチももう頭が真っ白になっとった。かろうじて救急車を呼ぶんやけど、もう何が起こってるかわからん。救急隊員の人が7～8人来て玄関で処置を始めるんよ。「加藤さーん、聞こえますかー?」「指が何本かわかりますかー?」なんて言われてるのを、呆然と見とるだけやった。「すぐ輸血しないといけないから、奥さんも一緒に来てください」って病院に向かうんじゃけど、人の顔がこんなに青白くなるんかってくらい、ちーたんの顔から血の気が引いてて。

茶　その時、オイラはもうぜんぜん意識がなかった。

綾菜　でも今振り返れば、あのときに全ての悪いものが出たと思うんよ、血と一緒に。吐血って言ってももう赤くなくて、どす黒い塊も出とったけんさ。全てのものが出切った感じだったもん。

茶　血を吐いたときに、真っ赤な血っていうのはまだ大丈夫みたいなんだよね。

綾菜　ちーたんは真っ黒だったもんね。

茶　どす黒いやつは、やばい。

綾菜　しかも病院行ったときに、全部床の血を拭かずに行ったじゃん。しかも真夏だったけえさ。だからもう帰ってきたら……。

茶　臭かったんだ?

綾菜　もう臭いってもんじゃない！　ゲボより臭い。どろどろの体液、腐った血。でっかいバケツいっぱいに血をすくって入れて。テンション上がらんけ、ブルーノ・マーズを流したわ。じゃないと切なすぎて無理じゃった。そっから闘病生活よ。それで、血の掃除してすぐまた病院に戻ってさ。そっから闘病生活よ。それで、血の掃除してすぐまた病院に戻ってさ。何日もずっと点滴に繋がれて。もう不安すぎてちーたんの傍から離れられんかった。そんなちーたんの姿を誰にも見られたくないけ、病院の一番奥の個室に入れてもらって。ちょこちょこ病院にも泊まっとったな。

茶　人工透析もやったんだけど、その時も「今日で数値が下がらなかったら、このまま一生涯人工透析になります」って言われたんだよな。

綾菜　それくらいの状況までいっとった。

茶　人工透析やるともう仕事ができなくなるじゃん。さすがにやべえなと思ったよな。そのときにもいろんな仲間が病院に来て。

綾菜　激励してくれたよな。危ないかもしれんってときに駆けつけてくれて。

茶　メッセージとか持って来てくれたんだよな。

綾菜　ちーたんはもう意識もあんまりなかったときよな。

茶　なかったけど、みんなが来てくれたのははっきりわかってる。

綾菜　ちーたんが危ない状況になり始めてたときに、報告してたんよな。ずっと病院に一緒に泊まりながら、仲間ともやりとりしてたんよ。本当ちーたん痩せすぎて弱りきってたからな。ご飯も食べれんかったけ、38キロぐらいになっとった。

茶　38キロなんて、女の子より痩せてるからな。

綾菜　点滴で栄養入れながら透析もやって、ものすごい輸血もしたよな。意識朦朧のちーたんの横で、志村さんとのコントを流したら笑っとったんよ。そのときにウチ、決めたんよ。大きい病気するのはもうこれで最後やと思って、絶対乗り越えるって。

茶　あのときは本当にもうダメだと思った。あんな状態までいって、まさか乗り越えられるなんてな。だから結局オイラ、3回死にそうになって3回復活してるんだよ。2006年に大動脈解離やった時点で、たぶん早く死ぬんだろうなって思ってたのに、まさか80まで生きると思わなかった。ドリフのメンバーもそうだし、やっさんだってとんちゃんだって志村だって、昔からの仲間たちがどんどんいなくなっていって。今もうブーたんと二人きりじゃない。だからなおさら、こうやってみんなに生かされたオイラががんばんなきゃなって思ったよな。何か使命があるんだなって。それはきっと、長生きして元気に人を笑わせることだなって。

綾菜　やっぱりあの病気はでかかったよな。ウチも一緒に人生観変わったもん。バッシングより何より大きかった。お金払っても何やっても、どうやっても解決できない悩みって初めてだったよな。

茶　やっぱり病気して初めてわかるんだよな。「これこのまま死んでもおかしくねえよな」と思ってたのが「あれ、生かされた」って。じゃあオイラが生かされた意味って何なんだろうなって考えるんだよね。そうしてたら「人に喜んでもらわなきゃしょうがないじゃん」って言われて。今までもそうやって生きてきたし、そうやって一生涯貫こうと思ったよ。

綾菜　二人の絆も強くなったしね。でも、ウチも本当に生きる意味とか考えたわ。病気で人生観が本当に変わるよ。

茶　アヤと結婚してからすげえ人生変わった、もう本当にガラッと。昔のオイラと全く違うし、我ながら変わったなと思う。昔はオイラ、他の人のことなんてあんまり考えなかった。自分さえ良ければそれで良かったから。でもそれが人のことを考えるようになったんだよ。笑いにしたって、昔は若い連中なんて面白くねえって先入観を持ってた。けど今は若い連中の面白さもわかるし、一緒にやる楽しさも知ったしな。人間そのものがこんなに変わるなんて思ってなかったよ。やっぱりみんなに感謝する気持ちが多くなったかな。

綾菜　昔は頑固だったもんな。ギラギラしとったし。

茶　やっぱり自分たちの笑いが一番だと思ってたからな。

綾菜　でも、昨日久々にちょっとケンカしたじゃん？　そのことをお父さんに話しとったから、ママから連絡きて。「あの時代を生きて、芸能界の第一線で活躍してきたのを考えたらぜんぜん頑固じゃない方よ」って言われて、妙に納得したわ。

——綾菜さん自身も結婚後、何度も茶さんの病気などを体験して食育インストラクターだったり、生活習慣病予防アドバイザー、介護

福祉士実務者（ヘルパー一級）、さらに介護レクインストラクターなど、積極的に茶さんの体を気遣った資格を取得されていったんですよね。

綾菜　やっぱりあれだけいろいろ見て考えたんよな。ウチがちーたんを守らなきゃ！　って。それからちゃんと勉強しようと思ってイチからがんばった。ちーたんが倒れたときも、傍にいることはできても何にもできんかったから。自分で少しは助けられる知識をつけようと思って。大変じゃったけど、全部取って良かったと思ってる。やっぱり知ってるのと知らないのとでは、向き合い方が変わってくるけ。

――二人でこれから健康に生きることをすごく考えるようになったってことですよね。生活面から見直して。

茶　そうだね。ただ生きてるだけじゃ、意味がないじゃない。長生きしたらその分、仕事もできる。みんなに笑ってもらえる。でも、ただ漫然と生きててもしょうがないから。最後まで健康で仕事ができたら最高じゃない。たまに同世代の人に相談されんのよ、「彼女がいねえ」とか「楽しくねえ」とか。だったらどんどん口説いたり、行動しろって言ってんの。年齢気にして閉じこもってちゃもったいねえよ。断られて当たり前なんだから、怖いもんねえだろって。

綾菜　恋愛もそうだし、年取ってもいろんなことにどんどん挑戦した方がいいよな。

茶　自分の趣味を伸ばすとかでもいいしな。

綾菜　そういう人生観変わったのでいったら「一日の命ってこんなに宝なんだな」と思ったよな。今まではただ漫然と生きとるって感じとったけど、一日一日本当に感謝できるようになった。

茶　だから意味なく生きてるのと、意味を持って生きてるのとではぜんぜん違うんだよな。目標も違ってくるから。そうすると、やっぱりがんばろうっていう気になるわな。それが一番の健康の秘訣だよ。目標のために不摂生をやめようって思えるし。だってんもいるんだぜ？　YouTube見たら、110歳でフルマラソン走ってるじいさんと同じようにバシバシ食うんだよ。42.195キロ走るんだよ。飯も普通の若い人と同じようにバシバシ食うんだよ。あんなの見たら、やっぱりがんばろうと思うもんね。目標を持ってると、絶対長生きできる。だからオイラの目標はずっと舞台に立ち続けること。みんな大体90手前でやめちゃうから。日本のコメディアンで80歳過ぎてやっている人はあんまりいないからね。今ブーたんが90歳でがんばってるから。ブーたんには負けらんねえよな。

――では人生の伴侶という意味で、改めて綾菜さんに対してはどう思いますか？

茶　自分のことを思い返しても、やっぱりみんな若いときはただキレイな人を求めるんだよな。歳取ってきてだんだんわかってきたことは、やっぱり気持ちがいい人が必要なんだなってこと。気持ちが優しい人。それは表面的なことじゃなくて、根っこから優しい人。そういう意味では、アヤはオイラを一番に見てくれてるんだよ。こ

adidas

れが全てだよ。これは人生いろんなことを経験したからわかったことだわな。

綾菜　ウチはちーたんを顔で選んだけどな。本当に顔がめっちゃタイプなんよ。小学生のときの初恋の人と同じ顔しとる。だから昭和系の顔がたぶん好きなんやと思うわ。鼻高くて、インプラントじゃないのに歯が白くて全部揃ってる。目が二重。あと肌がキレイ。

茶　肌がキレイなのは、これは歳取ってからよ？　オイラ、63まで真っ黒だったもん。ゴルフ焼けしてたから。

綾菜　何のケアもせず、ガンガン焼いてたんやもんな。ニベアのボディクリームを顔に塗ってたもん。けど普通80歳になったらシワシワになるじゃん。でも一切なってないからね。うちのばあちゃんなんか、クッシャーってなってるし。

茶　オイラの性格でいいところはないのかよ。

綾菜　包容力あるな。あとブレないところがすごい。苦しくて落ちるときもキャーキャー言われてるときもブレない、一喜一憂しない。そういう人ってあんまおらんじゃん。ちょっと腹立つこともあるけど。

茶　だって、そうなったときにバタバタしてもしょうがねえじゃん。なるようにしかならない。慌ててもしょうがねえんだよ。

綾菜　そういうところはあるよな。ウチは結構ちょっとしたことでウワー！　ってなるのに。

茶　よくワーワー言ってるもんな。

綾菜　昨日もウチ、涙をこぼして同情誘う作戦しとったじゃん？

茶　知らん。

綾菜　そしたら「何泣いてんだよ」って怒ってたじゃん。大体ウチは手口一緒やけん。

茶　2年に1回ぐらい、そういうケンカがあるんだよな。

綾菜　そういうときにウチは何も言わんのよ。ただ目の前で泣く。

茶　だから「何泣いてんだよ」って聞くじゃない。でも何も言わないから。

綾菜　言いたくない。わかってほしい。

茶　オイラのせいかなと思うじゃない。

綾菜　そうなんじゃけど。

――きっと積もり積もった感情だから、その瞬間の出来事は引き金になっただけで、大きな原因は別にあったりしますよね。

綾菜　そうそう〝チリ積も〟やけん。

茶　だから泣かれたってわかんないんだよな。

綾菜　でも、そんな言うとっても今日にはめっちゃ普通じゃもんな、ウチ。

茶　泣いたらもうすっきりしてるからな。

綾菜　泣いたらその5分後にはもう普通だったよな。怖いよな。自分でも思う。

茶　怖いし、面倒くせぇ。

――お互いに似てるなって部分と違うなって部分、どういうところ

に感じますか？

茶　オイラの方が執念深いから。

綾菜　そうなん？　言わんやつって一番怖いよな。

茶　ケンカしてもそう。

綾菜　そうだ！　執念深いわ。

茶　オイラの方が、自分から謝らないし。

綾菜　ウチはすぐ謝るもんな。

茶　でも謝らなかったよな、昨日。

綾菜　昨日はウチが被害者やけ、謝らんかっただけやわ。

茶　何の被害者だよ！　オイラ何もしてねえじゃん。勝手に自分でいろいろ思ってるだけじゃん。

綾菜　でも、ちーたんが言ったじゃん！「オイラだって、ただボーッとしてるジジイじゃなくて、アヤが食器洗わないこととかも我慢してる」って。

茶　オイラはアヤに対して仕事のことで文句言ったこともないし、家事やんないことも文句言ったことないだろ？　一切言わないのよ、オイラは。それを勝手にふてくされてるとか解釈して、いろいろ溜めて泣いてるから。

綾菜　たしかに。ウチが仕事で忙しいときとか「家事できんわ！」とか言っても、何も言わんもんな。

茶　それはしょうがねえじゃん、だって。

綾菜　じゃけえ、それを許してくれとんだとわかったから、いろいろ悪かったなと思ったんよ、ウチも。

茶　アヤが芸能界で活動するか悩んでたときに、オイラが「仕事やった方がいいよ！」って言っただろ？　だからもうその時点で、家事ができないとかなんだとかはナシだから。

綾菜　だからウチがめっちゃ忙しくて何もできてないときも、ちーたん理解あるけえさ、「がんばってね」とか言って、それ以上何も言わんもんな。優しい！

——お互い、ちょっとした気になることは口にしないんですね。

茶　言わないね。

綾菜　ウチもあんまり言えんのよ。涙、一粒こぼして、深い意味を持たせる女じゃけえさ。

茶　けど捨てゼリフが多いのよ。

綾菜　それはあるな。

茶　カチーンとするやつよ？

綾菜　昨日も何か言ったよな？　結構うぜえこと言うよな、ウチ。カチンとくるようなこと。そういうのはあるわ。

茶　オイラもそんなときは「この野郎、しばらく許さねえぞ」って思ってる。

綾菜　言った方はすぐ忘れとるけど。

茶　言ったことすぐ忘れるよな。

綾菜　すぐ忘れる。

茶　言われた方は覚えてるからな。

綾菜　ちーたん執念深いけ、気をつけよ。似とるところで言うと何じゃろうな。情深いのは似とるじゃない？　悪く言うとウチら騙されやすいところあるよな。

茶　騙されやすいわな。

綾菜　頼まれたら断れんけ、騙されたりするパターン結構あるよな。

茶　嫌ですって言えないの。

綾菜　言えない。ちーたんも絶対言えんもんな。今はあんまないけど、すっごい困ってる人がおったらちーたん絶対助けてあげてたけえ。横で見てて「うわー」って思うことも結構あったもん。いい人そうやったのに、お金貸したらそのまま返ってこんかったり。でも、その人が毎年、お詫びで歌舞伎揚を送ってくるんよな。普通だったら歌舞伎揚を送ってくるくらいなら、少しでもお金返せばいいじゃん？と思っとったんよ。そのことをウチがこの間、ママにポロッと言ったんよ。そしたら「その人なりの精一杯のお詫びなのよ」って言ったんよ。

茶　そういうこと。

綾菜　そっかと思ったけど、すごいよな。ちーたんはその歌舞伎揚を見て許したんよ。ものすごい金額を貸して、逃げられたのに。まぁ4袋くらいあったけど。

茶　一箱あったよ。

綾菜　だからまぁウチも結構そういうとこあるけ、ちーたんの気持ちもわかる。

茶　アヤだって、ある日ホームで倒れてるぜんぜん知らない女の人背負って帰って来たじゃねえか。

綾菜　駅で倒れてる女子高生がおったから、声かけたら意識が朦朧としとって。「貧血でたまになるんです」って言っとったんじゃけど、心配だから駅員さんのところ連れて行ったら、「寝るところないです」って言われて。ベンチで寝かして何かあっても怖いし、連れて帰って来た。

茶　けど昼間だよ？　ベンチ寝かせときゃいいじゃん。

綾菜　連れて帰って、お母さんに電話して送り届けたな。ウチは警戒心がないけん、そういうのは気をつけんといけんな。

茶　気をつけた方がいいよ、絶対。だって知らない人連れて来るって。オイラ起きたら知らない人がいるから「誰この人？」って聞いたら「ぜんぜん知らない人」って言うからびっくりするよな。

綾菜　でもそれから、その子と関係続いて友達になったからね。

茶　それもすごいよな。

綾菜　そういうのもほっとけん。痴漢に遭ってる人助けたりとかさ。変な正義感がちょっと危なくなるときがあるけん、気をつけんといけんな。

――では最後に。大きな話になりますが、〝愛情〟って何だと思います？

綾菜　むずくね？

茶　愛か。歳取ってくると、全部関係なくなるんだよな。自然と接してることが愛情じゃねえのかな。言いたいことも言い合うし。それが一番じゃないかなと思うんだよね。だからよく空気みたいなもんって言うけど、まさにそういうことじゃないのかなと思うよな。

綾菜　愛か。ウチが思うちーたんへの愛は、いいときも悪いときも一緒に老いていって死ぬまで見届けて、これからの人生を含めて守っていくのが愛かなと思う。だって大体、悪いことあったらみんな逃げるじゃん。でもウチらはどんだけ苦しいときも手を取りあって生きてきたじゃん。それが愛だと思う。これから先、もっといろいろあると思う。今より歳も取るけえ、また病気することも増えるじゃん。それも覚悟で、いずれオムツになったとしても、愛していけるって確信してるから。

茶　いろいろ経験した結果だよね。だからオイラたちはある線を超越しちゃってると思う。若いときだと、そういういろんな経験できないじゃない。でも、アヤは若くてそういう経験したから、たぶんその域まで行ったんじゃないかと思うよね。

綾菜　世の中からたくさんバッシング受けたり、20代で旦那がパーキンソン症候群になったりとか、あんま経験しないじゃん。ここまで経験したら、もう次に悩むのって別れのときくらいだと思うわ。

茶　でもそれはいつか来るもんな。それはしょうがねえよ。

綾菜　それ以外は何が起こっても二人ならやっていける。

茶　そうだね。だから本当、オイラも一人でいたらとっくに死んでたと思うよ。大動脈解離の後も結局、生き方は変わらなかった。医者に酒をやめろって言われてもやめず、相変わらず毎晩銀座で遊んで。特に生きる目標もなかったし、どう生きるかとか、使命なんて考えてもみなかった。だからたぶん70いかないうちに死んでいたんじゃないかなと思う。それがアヤと出会って全部変わったから。人生も変わったし、生きる糧みたいなものが見つかったしね。

綾菜　結婚できたのはお互い強運だったと思うよ。

――思い返せば、ふらっと入ったお店で出会っただけだったのに。

茶　そこから人生変わったよね。一体何なんだろうな。たしかに運は強いな。

綾菜　親が積んできた徳とか運も絶対あると思うんよね。

茶　たしかに。オイラ昔言われたんだよね。「加藤さんの守り神はお袋さんだよ」って。

綾菜　お母さんがウチら二人を会わせてくれたんじゃないかと思うよな。

生き方

こうやって人生振り返っても、いいことも悪いこともいっぱいあったと思うよな。けど、大金を掴んだときも大病を患ったときも、信頼してた人に騙されたときだって、オイラ動じなかったんだよ。何事においてもくよくよ悩まなかった。あれこれ考えてもしかたないことなんだよな。これはお袋の影響だと思うんだよ。あの姿を見て教えられた気がするんだ。感謝だよ、こんなに丈夫な精神でたくましく生きてこられたんだから。

お袋だって、終戦直前、日本中が大変なときにオイラを産んで東京大空襲も経験して、疎開後もすぐに働きに出て長い貧乏暮らしだって耐え忍んでた。その間も明るいもんだったよ。悩んで考えて落ち込むくらいなら、くよくよ考えない方がいいって人だったから、なんでもポジティブに向き合う人だった。ネガティブになってるところは見たことない。自分がやっちゃったことで失敗したとしても、後悔しちゃダメって考え方の人だった。後悔して立ち止まるくらいだったら、全部捨てて前に進むべきだと。だからオイラが17歳で東京に出てきて「バンドマンになる」って言ったときも、お袋はぜんぜん反対しなかったんだ。「やりたきゃやりなさい」と、「そのかわり、やるんだったら一番になるくらいしっかりがんばんなさいよ」って。そういうお袋だった。強い人だよなぁ。だからオイラも何に対しても、失敗してもいいや、あれこれ考えるよりやっちゃえって思って挑戦してこれたんだ。もちろん落ち込むこともあるんだよ？　だけど「こんな長いこと落ち込んでてもしょうがねぇな」って、すぐ前に向いて進んでこれた。まるで師弟関係だよな、素晴らしい生き方の師匠がいたら人生ちょっとやそっとじゃ迷わないよ。信念を強く持って貫いてたら、何があったって動じないんだ。

80歳のこれから

オイラもこれまで、普通の人以上にさんざんいろんなことやってきたからなぁ。もう、あとやりたいことは一つしかないんだよ。やっぱりコントだよ。コントさえできれば、他にやりたいことなんてもうない。死んだあとに「最後まで加トちゃんは面白かったな」って言われるのが一番いいな。舞台でさんざん笑いをとって、袖に戻って死ぬ。それが最高だな。そのためにはやっぱり健康でいないと。元気でいないとそんなのできないからな。知ってた？ １０８歳の長寿祝いを〝茶寿〟って言うんだってよ。オイラにぴったりじゃねえか。加藤茶っていうくらいなんだから、それまではがんばんないとな。生き様そのもので笑ってもらえるように、まだまだ生涯現役の加トちゃんでいるからな。

shop list

CLASS
HENRIK VIBSKOV
munoz vrandecic
NOBNAGA paris
vase tokyo.
東京都目黒区上目黒1-7-7
03-5458-0337

KUON
KUON
東京都渋谷区神宮前2-15-10

LES SIX
KIOSQUE CC
東京都渋谷区神宮前6-24-2 原宿芳村ビル2階

OMAR AFRIDI
goffa.x
東京都渋谷区神宮前2-31-9
03-5411-8717

two dollar
THE FAT HATTER
東京都渋谷区神宮前6-16-6 高部ビル2階

honne
加藤茶パーソナルブック

2023年9月27日　第1刷発行

著者　加藤茶

発行者　戸川貴詞
発行所　カエルム株式会社
〒150-0042 東京都渋谷区宇田川町14-13 宇田川町ビルディング8F
info@caelum-jp.com（編集・営業）　sales@caelum-jp.com（ご注文）
印刷・製本　図書印刷株式会社

ISBN978-4-908024-53-5 C0076　Printed in Japan